DARKSIDE

YEAR OF THE WITCH
Copyright © 2020 by Temperance Alden
Todos os direitos reservados.

This edition is published by arrangement with
Red Wheel / Weiser LLC through Yañez, part of
International Editors' Co. S.L. Literary Agency

Acervo de Imagens: © Alamy, © Shutterstock,
© Dreamstime: Jay Dubar, Giancarlo Pagetti,
Samira May, Tatiana Syrytyna.

Tradução para a língua portuguesa
© Verena Cavalcante, 2022

Diretor Editorial
Christiano Menezes

Diretor de Novos Negócios
Chico de Assis

Diretor de Planejamento
Marcel Souto Maior

Diretor Comercial
Gilberto Capelo

Diretora de Estratégia Editorial
Raquel Moritz

Gerente de Marca
Arthur Moraes

Gerente Editorial
Marcia Heloisa

Editora
Nilsen Silva

Capa e Projeto Gráfico
Retina 78

Coordenador de Diagramação
Sergio Chaves

Designer Assistente
Aline Martins

Preparação
Juliana Ponzilacqua

Revisão
Isadora Torres
Retina Conteúdo

Finalização
Sandro Tagliamento

Marketing Estratégico
Ag. Mandíbula

Impressão e Acabamento
Coan Gráfica

DADOS INTERNACIONAIS DE CATALOGAÇÃO NA PUBLICAÇÃO (CIP)
Jéssica de Oliveira Molinari – CRB-8/9852

Alden, Temperance
  Bruxa intuitiva / Temperance Alden ; tradução de Verena
Cavalcante. —Rio de Janeiro : DarkSide Books, 2022.
  240 p. : color.

  ISBN: 978-65-5598-177-3
  Título original: Year of the Witch

  1. Wicca 2. Calendários religiosos
  I. Título II. Cavalcante, Verena

22-1802   CDD 133.4

Índice para catálogo sistemático:
    1. Wicca

[2022, 2025]
Todos os direitos desta edição reservados à
DarkSide® *Entretenimento* LTDA.
Rua General Roca, 935/504 — Tijuca
20521-071 — Rio de Janeiro — RJ — Brasil
www.darksidebooks.com

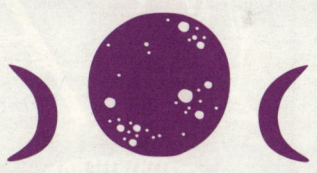

TEMPERANCE ALDEN

BRUXA INTUITIVA

a MÁGICA NASCE DENTRO de NÓS

TRADUÇÃO
VERENA CAVALCANTE

DARKSIDE

*Para Carole e Eric,
que vocês estejam reunidos
eternamente do outro lado.*

"Há duas coisas que me fascinam: a relação das pessoas entre si e a relação das pessoas com a terra."

— ALDO LEOPOLD —

TEMPERANCE ALDEN
BRUXA INTUITIVA
DARKSIDE

SUMÁRIO

Prefácio
17. **A MAGIA DENTRO DE NÓS**

Introdução
21. **NOSSO ANO É MÁGICO**
22. Tudo em um só ano
23. O ano da bruxa
23. Intuição, intuição, intuição
24. Poderes superiores

Capítulo 1.

29. **BRUXARIA INTUITIVA**
31. É possível criar feitiços de forma intuitiva?
32. A intuição é um músculo
33. Instinto versus Intuição
34. Encontrando-se com a sua intuição
35. Intuição prática

Capítulo 2.

39. **CICLOS, ESTAÇÕES, MORTE E RENASCIMENTO**
40. Os ciclos do ser humano
41. Ciclos hormonais
42. Estações
46. Ciclos climáticos
48. Ciclos astrológicos
50. Os signos astrológicos
52. Quando todas as coisas boas chegam ao fim

Capítulo 3.
55. **MAGIA ELEMENTAL**
57. Fogo
58. Terra
60. Água
62. Ar
64. Espírito ou Éter
66. Invocando os elementos

Capítulo 4.
69. **GUARDIÕES DA TERRA**
73. O que é ser um guardião da terra?
77. Purificação com fumaça

Capítulo 5.
81. **OS FISCAIS DA BRUXARIA**
84. A bruxaria é anticonsumista em essência
86. Bruxaria acessível
88. Como um altar funciona
91. Altares externos
92. Altares internos
94. Manifestação/Abundância

Capítulo 6.
97. **O JARDIM ESPIRITUAL**
98. Cultivando a própria alma
99. Planejando
101. Jardinagem em vasos
102. Jardinagem ao ar livre
103. Intuição prática no jardim
104. Criando correspondências

Capítulo 7.
109. **ELEMENTOS E ESPÍRITOS**
110. Compreendendo os espíritos
112. Aprendendo a se conectar
113. Terra e ancestralidade
116. Magia do sangue

Capítulo 8.
121. **A ORIGEM DA RODA DO ANO**

Capítulo 9.
125. **SAMHAIN**
126. O véu tênue
127. Mensagens para o mundo espiritual
128. A mitologia do Samhain
129. Rituais de Samhain
130. Ceia silenciosa

Capítulo 10.
139. **YULE**
141. O Yule Pagão versus O Jól No Heathen
142. Costumes e histórias do Yule
143. A Caçada Selvagem de Odin
144. Tradições de Yuletide

Capítulo 11.
149. **IMBOLC**
150. Dia de Santa Brígida
151. Frigga, deusas e deuses
152. Festival da recuperação e da renovação

Capítulo 12.
157. **OSTARA**
158. Deidades de Ostara
159. Limpeza de primavera
162. Ovos de Páscoa
165. O momento de nos comprometermos outra vez com os nossos propósitos

Capítulo 13.
169. **BELTANE**
170. O mastro, os puritanos e a perseverança
171. Fogueiras de Beltane
176. Bel
176. Criando um retiro espiritual

Capítulo 14.

- 181. **LITHA**
- 183. Deidades da temporada
- 184. O trabalho das sombras e sua própria sombra

Capítulo 15.

- 189. **LUGHNASADH**
- 191. O Lammas, o trigo e a Revolução Francesa

Capítulo 16.

- 197. **MABON**
- 198. O deus Mabon
- 199. Michaelmas — Festa de São Miguel
- 201. A maçã de Lilith

Capítulo 17.

- 205. **O ANO PERSONALIZADO**
- 206. Um breve panorama da roda do ano
- 207. Adaptação da roda do ano
- 209. No sul

Capítulo 18.

- 211. **CRIANDO SUA PRÓPRIA RODA DO ANO**
- 218. Novas tradições sazonais

Considerações Finais.

- 221. **CICLOS REINICIAM**

- 226. *Apêndices*
- 233. *Bibliografia*
- 237. *Agradecimentos*

TEMPERANCE ALDEN
Bruxa Intuitiva
DARKSIDE

A magia dentro de nós
Prefácio

erta vez, Buddha disse: "Siga a verdade do caminho. Reflita sobre ela. Torne-a sua. Viva-a. Ela sempre te sustentará". Todos os dias somos presenteados com a chance única de moldar a vida que desejamos ter, de escolher de que tipos de amigos gostaríamos de estar cercados e de decidirmos onde viveremos com as crenças e atitudes que adotamos como nossas.

No início de tudo, quando criança, fui apresentada a uma forma de magia folk[1] irlandesa e continuei meu aprendizado sobre outros tipos de tradições ao longo da minha adolescência. Na época, a Wicca era bastante popular e a roda do ano era ainda mais famosa. Enquanto crescia, vivi em toda parte dos Estados Unidos: nos trópicos do sul da Flórida, nas partes rochosas de Montana, no deserto do Oregon e em outros lugares extraordinários. Cada uma dessas áreas se diferenciava em questões climáticas e geográficas a tal ponto que, sempre que nos mudávamos, de início eu me sentia estranha, até mesmo estrangeira.

1   O termo "folk" é uma abreviação da palavra inglesa "folklore" e se refere a práticas folclóricas, costumes e tradições de um determinado povo ou região. [As notas são da tradutora.]

Algumas vezes, eu estava em lugares quentes quando, segundo a roda do ano, deveria estar frio, caso contrário, como eu faria para celebrar o Yule, o nosso solstício de inverno?

Foram essas mudanças geográficas que me ajudaram a moldar a ideia do que realmente significa experienciar a roda do ano. Elas me fizeram pensar de forma crítica e me perguntar coisas como: será que é realmente possível celebrar a roda do ano ao pé da letra se não vivemos em um lugar cujo clima é igual ao tema do sabá a ser comemorado? O que acontece se a temperatura do lugar no qual vivemos for drasticamente diferente? Como podemos viver de acordo com a nossa própria verdade e ainda assim comemorar a roda do ano?

A minha verdade, por exemplo, é um reflexo direto do caminho específico que escolhi traçar na feitiçaria. A bruxaria folk retira sua sabedoria de múltiplos lugares, principalmente do que é passado no boca a boca, de geração a geração. Eu sou uma bruxa hereditária irlandesa-americana, que segue uma base folk na Arte, mas nem sempre fui pagã. Ao longo dos anos, troquei minhas origens religiosas judaico-cristãs pelo caminho da mão esquerda no paganismo, cunhando a prática única que utilizo hoje.

Todas as pessoas, não importando onde moram e de onde vêm, têm a habilidade de viver todos os dias de forma intencional. A combinação desses dias forma a roda do ano pela qual todos, de maneira individual, guiam a própria existência. Alguns podem utilizar a roda para que ela se foque nos muitos feriados e eventos celestiais, como as datas seculares e os festivais religiosos. Outros podem compor a própria roda do ano de acordo com as estações da colheita, os ciclos lunares e as condições climáticas. É isso que torna a confecção da sua própria roda do ano algo tão autêntico e divertido.

A bruxaria é uma arte ousada e única, e ela não impõe regras — exceto aquelas que nós mesmos escolhemos seguir. Sendo assim, o que funciona para o caminho de uma determinada pessoa pode não ser a melhor escolha para o nosso próprio caminho. A celebração dos ciclos da natureza e do ritmo do ano não pode ser diferente — e é sobre isso que este livro trata. Não há qualquer lei que diga que todas as bruxas[2] devem celebrar o Imbolc ou o Mabon. Ninguém virá bater à sua porta para lhe dizer que você está cometendo um erro ao incorporar feriados mundanos como o Dia dos Namorados ou o Dia da Independência à sua roda do ano. Dar espaço para a liberdade pessoal e o prazer no nosso cotidiano é uma conduta que só pode trazer impactos positivos à nossa vida.

Ao me sentar para escrever este livro, não pude deixar de pensar nos momentos em que eu ainda tentava compreender o que significava ser uma bruxa. Minha mãe era uma irlandesa católica, por isso recebi dela uma forte tradição do folk engendrado ao catolicismo. Meu pai era convertido no budismo e suas convicções na doutrina se tornaram ainda mais veementes após a morte de minha mãe. Enquanto eu me empenhava para aprender as tradições passadas de minha mãe para mim, foi meu pai quem me ensinou sobre perspectiva — meus conceitos de vida e morte, sofrimento, e o que verdadeiramente significa estar vivo.

Foi por meio dessas duas pessoas influentes na minha vida que aprendi duas das mais importantes lições: *Não confie em nenhuma informação de olhos fechados* e *Sempre busque sua verdade interior*.

Portanto, transformemos a nossa *roda do ano* no *ano da bruxa*. Um ano que não pertence somente a mim ou a qualquer outra bruxa, mas sim a todas elas, coletivamente. Este é um ano em que nós, como bruxas, decidimos viver a nossa verdade, reivindicando o nosso poder e a nossa voz.

E você, o que fará do seu ano?

---

2   O caminho da magia é aberto a todos, sem exceção.
    Nesta edição, o pronome "ela/dela" ao se referir aos leitores foi escolhido por uma questão de padronização textual.

Nosso ano é mágico
Introdução

ocê pode ter estudado a roda do ano com profundidade ou então ter apenas ouvido falar dela de passagem; independente disso, são altas as chances de que você já tenha se deparado com este amado pilar da bruxaria moderna. Composta de oito sabás — Samhain, Yule, Imbolc, Ostara, Beltane, Litha, Lughnasadh e Mabon —, a roda do ano tradicional é, em certo nível, parte fundamental da prática e da rotina das bruxas. Na versão tradicional da roda, nós não encontramos celebrações sazonais locais, considerações acerca das condições climáticas ou nossas próprias tradições.

Em algum grau, todos praticamos nosso próprio ano da bruxa. Ele pode ser composto de aniversários, feriados locais ou culturais, datas religiosas e espirituais, e todos os nossos períodos de férias. Os anos são fluidos e mudam conosco ao longo do tempo, conforme ganhamos ou perdemos membros da família, começamos e damos fim às nossas carreiras, mudamos de lar, e buscamos nossos próprios caminhos e nossa verdade particular.

Meu objetivo com este livro é dar a você tudo aquilo que é necessário para criar sua própria roda do ano personalizada. Nas páginas seguintes, exploraremos os conceitos básicos da magia intuitiva guiada, o seu papel na roda do ano, a roda do ano tradicional, mudanças climáticas e muito mais.

Tudo em um só ano

Hoje é o primeiro dia do restante do ano. Amanhã também será. Enxergar as coisas dessa maneira significa deixar os calendários e eventos especiais de lado e se focar intencionalmente em viver o presente. É um conceito que parece simples, mas pode ser muito difícil na prática e, por isso, necessita de extrema devoção e disciplina.

Hoje em dia, tão logo as pessoas encontram seu caminho na feitiçaria, uma das primeiras coisas que aprendem é que devem estudar e copiar, em seus diários ou Livros das Sombras, a roda do ano. É bastante fácil reconhecer as datas e suas correspondências básicas, mas já vi muitas pessoas sofrerem para domar e manifestar a energia sutil de cada estação do ano somente por meio dessas fontes de conhecimento.

Nos últimos anos, decidi assumir um papel ativo ao ensinar o paganismo e a bruxaria folk, tanto on-line quanto pessoalmente, e com isso pude notar que, sempre que alguém começa a se iniciar na bruxaria, essa pessoa negligencia as sutilezas dos festivais em uma tentativa de se tornar uma praticante "avançada" mais rapidamente. Para piorar as coisas, muitas das fontes disponíveis nos fazem pensar que a maioria dos feriados religiosos modernos foram roubados dos pagãos pela Igreja Católica quando esta converteu o povo mágico da Europa. Por essa razão, entre muitas outras, diversos bruxos e bruxas novatos enfrentam grandes desafios ao tentar desenvolver uma prática individual e intuitiva com a roda do ano. Utilizando como base minha própria experiência, descobri que a ideia de se conectar e criar a própria roda do ano, de forma intuitiva, começa no nível mais básico de todos: na nossa vida diária.

O ano da bruxa

O ano da bruxa é o seu ano. Minha maior meta ao escrever este livro é a de inspirar uma fagulha de mudança tanto nas novas bruxas quanto nas antigas praticantes da magia. Ao aprender as origens, as tradições e questões alternativas à roda do ano, torna-se mais fácil moldar a realidade que desejamos seguir na nossa jornada.

Para as bruxas, cada um dos dias do ano pode ser um dia sagrado. Por isso, digo que o ano da bruxa começa agora — com você. Nas palavras do psicólogo Charles Richards: "Não se deixe enganar pelo calendário. Existem apenas os dias do ano dos quais você faz uso. Um homem obtém apenas o valor de uma semana em um ano, enquanto outro homem obtém o valor de um ano inteiro em uma semana".

Intuição, intuição, intuição

Uma das habilidades mais importantes que uma bruxa moderna pode desenvolver é o poder da intuição. Contudo, essa não é uma habilidade simples de acessar, e pode ser muito fácil perder contato com o seu senso intuitivo. Ao longo das páginas deste livro aprenderemos formas específicas de praticar a bruxaria intuitiva guiada, como aprender a confiar na sua intuição e como usar a roda do ano para lhe dar o poder de escolher os seus próprios métodos de celebração das estações do ano.

A intuição é um tema amplamente abordado, mas mesmo assim costumo encontrar iniciantes que me perguntam o que ela é e como ela pode ser ativada. A intuição pode ser dividida em três níveis: intuição passiva (adivinhação completa); intuição (consciência intuitiva moderada); e intuição treinada (intuição ativa). A consciência intuitiva é especialmente relevante para essa conversa sobre a roda do ano e o clima, pois muito do que ocorre no exterior pode ser sentido no nosso corpo — não só fisicamente, mas também espiritual e intuitivamente.

Todas as criaturas sencientes são capazes de ter intuição, e a maioria das pessoas experimentam um dos três níveis intuitivos ao longo do dia. Quando passamos a nos focar e aperfeiçoamos nossa prática da bruxaria, expandimos nossa intuição dos níveis passivos para os níveis ativos conscientes. Usar a intuição ativa é parecido com começar a exercitar um novo músculo — quanto mais praticar e se empenhar em desenvolvê-lo, mais forte ele se tornará e mais fácil será utilizá-lo.

Poderes superiores

O trabalho com a roda do ano se encaixa em qualquer prática de bruxaria, seja ela secular, religiosa ou espiritual. Você não precisa seguir nenhum tipo específico de religião ou credo para trabalhar em conjunto aos ritmos da natureza, e é justamente isso que torna essa situação tão especial. Ao observar uma roda do ano tradicional, a maioria dos festivais tratam de alguma deidade relacionada à Wicca. Esses deuses e deusas também podem ser encontrados em outras formas de paganismo e ser até mesmo reconhecidos (embora não idolatrados) em um nível profano.

Para bruxas mais mundanas e baseadas no folk, a roda do ano em seu formato tradicional pode parecer repleta de conotações religiosas. Muitas vezes, é possível encontrar iniciantes na prática que estejam seguindo um caminho mais secular perguntando-se como podem celebrar esses festivais se não desejam trabalhar com essas deidades específicas. Ao desenvolver uma roda do ano de maneira intuitiva, esse tipo de bruxas se sentirá mais livre para exercer a prática de forma mais genuína ao seguir seu caminho único.

Na jornada para alcançar um ano intuitivo, todos devemos transitar por caminhos diferentes. Sendo assim, cada um sabe com que poder superior gostaria de trabalhar, seja ele a energia do universo em um sentido mais amplo, ou deidades específicas. Conforme progredimos com a nossa leitura, exploraremos o mundo dos espíritos da terra e os papéis que eles assumem na prática sazonal e no cotidiano. Espíritos da terra podem ser idolatrados, invocados ou celebrados como um deus ou uma deusa, tendo, ainda, a vantagem única de estarem conectados diretamente à terra onde residem. O trabalho envolvendo esses espíritos e a criação de uma roda do ano particular e intuitiva são os dois pilares de desenvolvimento do caminho da bruxaria folk.

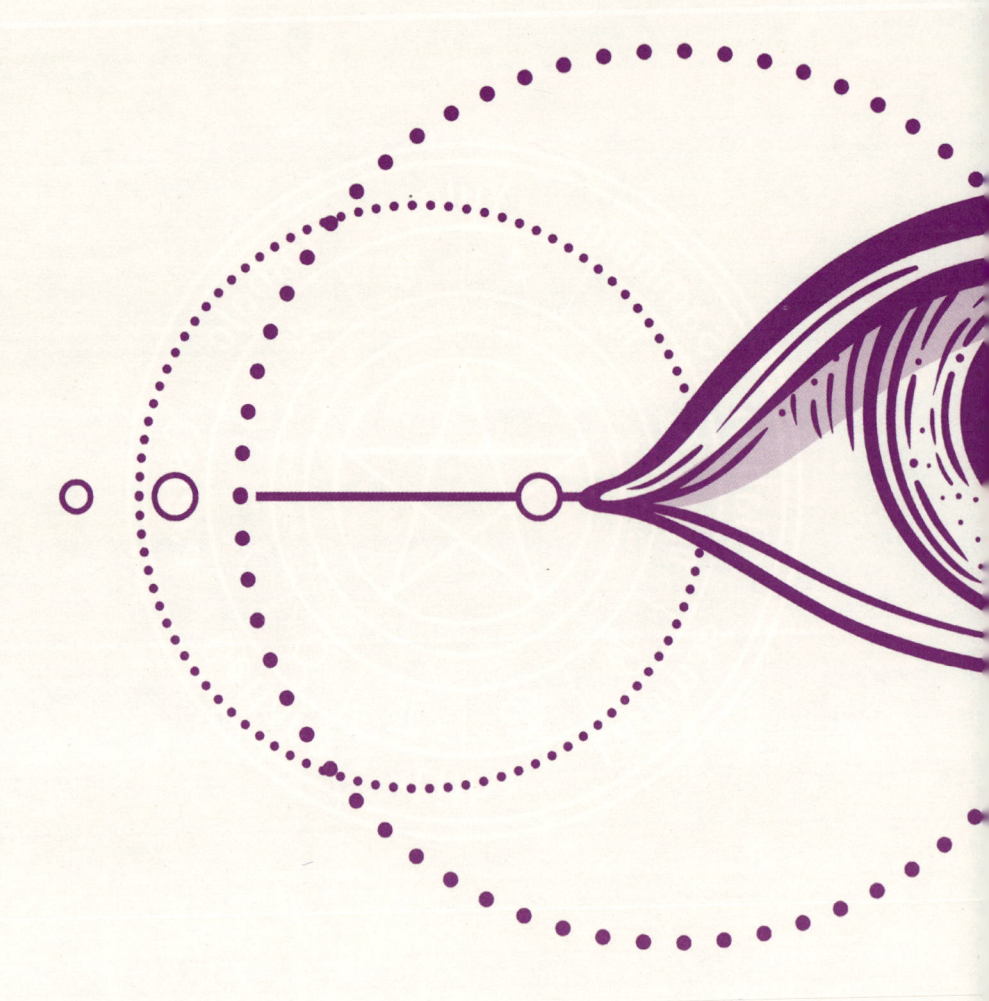

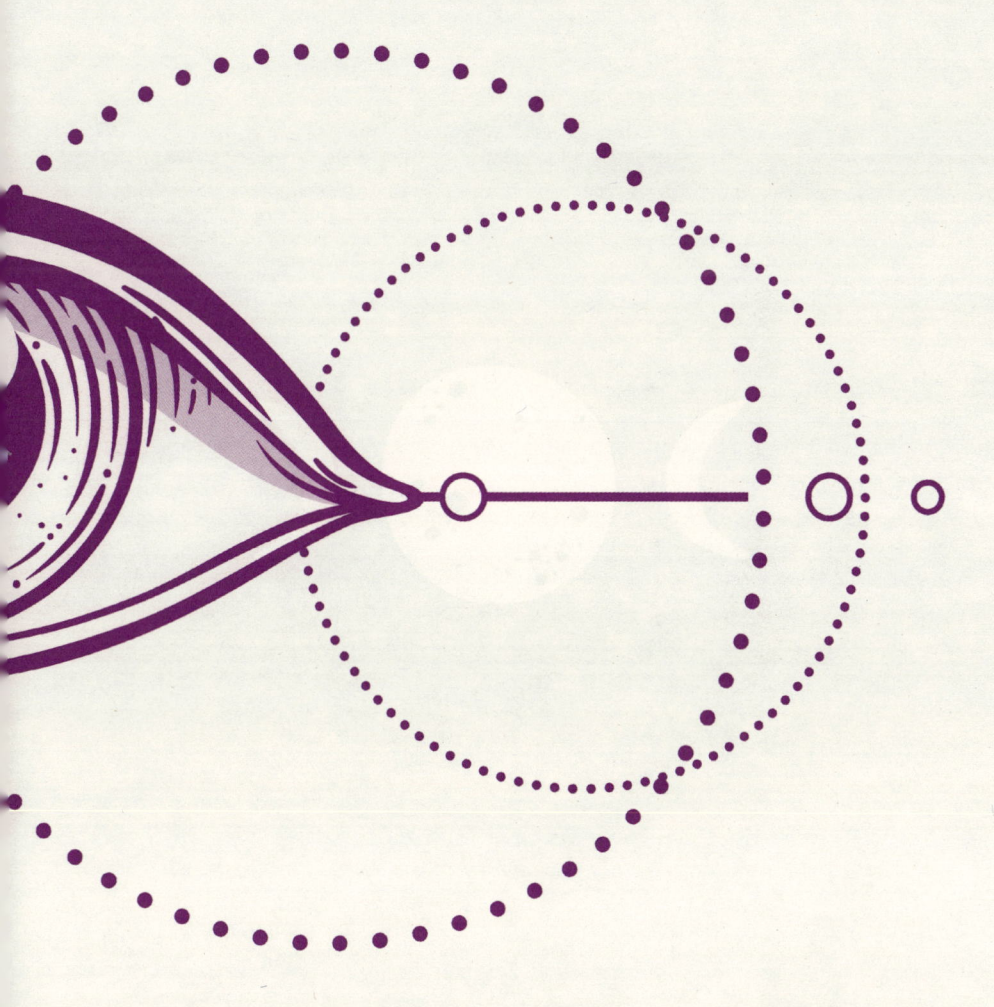

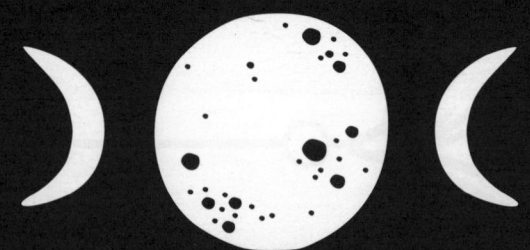

BRUXARIA INTUITIVA

Capítulo 1

"Às vezes você deve deixar o conforto da cidade e adentrar a vida selvagem da sua intuição. Sua descoberta será maravilhosa. Você descobrirá a si mesmo."
— Alan Alda —

Na minha opinião, a magia intuitiva é talvez o segredo mais bem-guardado da bruxaria moderna. E como isso é possível, uma vez que frases contendo esse termo estão espalhadas por todos os lados, principalmente nas mídias sociais? Embora essa seja uma palavra muito utilizada, percebi que é raro encontrar fontes sobre a expansão, o aprofundamento e a progressão da magia intuitiva de maneira didática e informativa.

A palavra "intuição", claro, não é um termo moderno da comunidade esotérica, mas sim algo muito mais complexo, que possui raízes no âmbito da psicologia. Em um artigo publicado em 2008 pelo *British Journal of Psychology*, "Intuition: A Fundamental Bridging Construct in the Behavioural Sciences",[1] um grupo de

---

[1] *Intuição: Uma Ponte Fundamental no Constructo das Ciências Comportamentais*, em tradução livre. O artigo não está traduzido para o português.

da Universidade de Leeds definiu a intuição como "a forma como nossos cérebros armazenam, processam e recuperam informação em um nível subconsciente". Para a maioria de nós, a conexão feita para usar nossa intuição é natural o suficiente para passar despercebida por nossa mente consciente durante a vida cotidiana. A maneira como interagimos com o mundo hoje causa impacto nas nossas futuras respostas intuitivas. Dessa forma, a nossa intuição está sempre se moldando e se modificando, crescendo em conjunto conosco, tanto mental quanto espiritualmente.

Nos termos da bruxaria, a intuição é uma das habilidades mais úteis que podemos desenvolver. No âmbito dos encantamentos, por exemplo, a intuição pode ser ativada para fazer feitiços incutidos à magia específica da bruxa ou bruxo. Essas pessoas podem criar encantamentos que sejam únicos e possam instilar energia e poder que sejam difíceis de encontrar em outras formas de magia. Acho necessário fazer o adendo de que não estou dizendo, de maneira nenhuma, que feitiços preexistentes ou "prontos" não sejam bons o suficiente, pois a magia pode ser encontrada em todos os lugares; contudo, dominar o poder intuitivo, de forma controlada, pode elevar nosso nível de profundidade e entendimento, o que acabamos deixando de lado quando seguimos à risca o trabalho do outro.

Descobri que a maioria das bruxas invoca e usa a magia intuitiva todos os dias sem nem mesmo ter consciência disso. A cada vez que reconhecemos, sentimos e lemos a energia de outra pessoa sem termos interagido com ela previamente, estamos invocando o poder da nossa intuição. Algumas pessoas podem até mesmo dizer que essa sensação é uma característica provinda de uma habilidade psíquica, mas, para as pessoas em geral, aquilo que estão experimentando é meramente uma forma elevada de intuição. No livro *Bruxa Psíquica*, de Mat Auryn, encontramos uma descrição da diferença entre intuição e habilidade psíquica. A intuição seria "o processamento inconsciente de informação sensorial relacionada ao ambiente no qual a pessoa está inserida a fim de que esta chegue a uma conclusão específica", enquanto a habilidade psíquica poderia ser definida como "o processamento de impressões extrassensoriais que não se amparam nas informações sensoriais primárias existentes no ambiente no qual a pessoa está inserida". Auryn ainda acrescenta: "(...) a intuição se baseia em informações perceptíveis do ambiente externo, enquanto a habilidade psíquica vai além do perceptível".

É possível criar feitiços de forma intuitiva?

No que diz respeito ao trabalho com encantamentos, uma máxima muito comum é a de que uma bruxa iniciante precisa "aprender a andar antes de poder correr". Com relação à complexidade, a criação de feitiços intuitivos parece ser mais fácil de aprender, contudo, exige muita prática para dominá-la. Diversos elementos fazem parte da criação de feitiços, como as estações do ano, eventos celestiais, marcos de vida, poderes superiores, feitiços de intenção etc. É muito importante explorar não apenas a criação intuitiva de feitiços, mas também perceber como utilizar esse artifício para trazer à tona tudo que há de melhor na sua vida, não só hoje, como ao longo de todo o ano!

A criação intuitiva de feitiços é exatamente o que parece: é utilizar a sua intuição como guia para criar rituais, feitiços e manifestações mágicas na sua vida e na daqueles ao seu redor. O autêntico poder da bruxa é justamente a habilidade de despertar e materializar intenções unicamente com o poder da mente, da magia e do universo. Isso pode soar papo furado, uma coisa que parece boa demais para ser verdade e que não costuma funcionar com pessoas comuns, mas, prometo, não é o caso. Essa forma de bruxaria necessita de um alto nível de confiança, e não só em si mesma, mas, principalmente, na sua prática e no seu entendimento de magia.

Há uma característica sagrada associada à criação intuitiva de feitiços, um mistério ou, até mesmo, um sacramento na relação entre as bruxas e as energias cósmicas do universo. Para energizar sua intuição, e torná-la sua guia na estrada da sua prática e da sua arte, é necessário fazer um pacto com os elementos da natureza a fim de que possam ser invocados sempre que você estiver operando dentro de seu estilo particular e único de magia.

Os locais onde vivemos e trabalhamos estão repletos de energias — espíritos, forças flexíveis e mutáveis, tais quais o clima. Ao trabalhar com essas formas energéticas, é necessário estar em constante sintonia com suas respectivas necessidades e temperamentos, sempre ciente de que aquilo que funciona hoje pode não funcionar amanhã.

A intuição é um músculo

No nascimento, o universo fornece a cada um de nós a nossa própria "academia", por assim dizer. Essa academia não é um espaço físico e nem mesmo espiritual; é um lugar onde a determinação planta as sementes do crescimento espiritual futuro. Ou seja, cada um de nós recebe todas as ferramentas de que precisa para entrar "em boa forma" espiritual. Essa dádiva nos é presenteada sem qualquer custo, mas exige dedicação e disciplina. Algumas pessoas avançarão com seus treinamentos mais do que outras, não só por causa das suas circunstâncias de vida, mas por seu grau de comprometimento. A condição humana da inveja e da competição não tem lugar aqui: o progresso individual acontece no ritmo de cada pessoa independentemente de como ela decide exibi-lo.

As perguntas que aqueles que estão se iniciando no caminho da bruxaria costumam fazer consistem, em suma, em uma variação de: "Estou fazendo isso certo?", "Posso usar isso?", "Quando devo fazer aquilo?", "E se eu...?". E a lista continua infinitamente. Essas questões geralmente indicam que alguém está trilhando depressa demais o caminho da bruxaria, tentando correr antes de ter aprendido a caminhar.

As bruxas não adquirem experiência na prática da noite para o dia, assim como não se tornam mestres ao ler apenas um livro sobre o tema. As habilidades espirituais, por exemplo, são parte de um grupo muscular específico; não é possível ir à academia, observar o equipamento, voltar para casa e acreditar que vai entrar em forma sem ter tocado em um único aparelho. O crescimento espiritual parte da mesma premissa. Ele precisa de tempo e de esforço.

Bem, retomando algumas das perguntas já mencionadas, ao começar a trabalhar com a intuição de uma bruxa, é necessário, antes de mais nada, aprender como diferenciar as vozes da ansiedade, do ego e da intuição. Quando você está se iniciando no caminho pode ser muito complicado perceber a diferença. Você precisará aprender a escutar as vozes interiores da sua intuição. Assim que comecei a trabalhar em um centro de emergência, por exemplo, fiquei maravilhada ao perceber como todo mundo sabia diferenciar uma emergência verdadeira de uma ligação não emergencial apenas pelo tom de voz da pessoa fazendo a ligação. Ao longo do tempo, eu também comecei a notar essa diferença sem nem precisar me esforçar. Contudo, esse nível de entendimento inconsciente não me acometeu do dia para a noite, por isso, imagino que você também passará pelo mesmo processo.

Instinto versus Intuição

O instinto e a intuição podem parecer similares, mas têm diferenças-chaves, especialmente na esfera do saber consciente e da razão. O instinto é uma reação biológica a um estímulo exterior com o qual todos os animais nascem a fim de se manterem vivos. Medo de altura, de lugares escuros ou de águas profundas são alguns exemplos de como funciona o instinto. Em situações como essas, somos cautelosos de maneira instintiva. O instinto é como um ímpeto impulsivo, uma resposta automática e impensada, uma reação a algo que está ocorrendo ao nosso redor.

A intuição, por outro lado, é mais complexa. Ela é, em essência, a aquisição de conhecimento sem pensamentos ou racionalizações conscientes. A intuição dificilmente aparece sob a forma de um impulso. É mais comum que ela se pareça com uma brisa preguiçosa da tarde fluindo pelas nossas vidas sem qualquer esforço. Essa corrente de intuição está sempre presente, sempre pronta a ser ativada e explorada.

Encontrando-se com a sua intuição

A melhor maneira de começar a trabalhar com a sua intuição é se entregar, colocar a mão na massa e se acostumar com isso. Pode parecer estranho no início. Não permita que isso atrapalhe o seu avanço rumo a uma vida conectada à intuição. Encontre-a no meio do caminho — ela está lá, esperando para quando você estiver pronta para realizar esses passos preliminares rumo ao desconhecido selvagem. Se estiver se sentindo um pouco desconectada de sua intuição, uma das minhas formas favoritas de reconexão é por meio de um simples ritual da terra, como este a seguir. Quanto mais avançar na sua prática, mais rituais personalizados você criará para fazer a manutenção dos seus poderes intuitivos.

Ritual da terra para despertar a sua intuição

Antes de mais nada, é importante se preparar de corpo e mente — não apenas de espírito. Separe um tempo para tomar um banho relaxante, fazer uma caminhada ao ar livre, preparar uma refeição deliciosa ou realizar qualquer outra atividade calmante e solitária. Realize essa atividade com intenção! Assim que sentir que está calmo e em paz, não só fisicamente, mas mental e espiritualmente, este é o momento de se encontrar e, por consequência, encontrar a sua intuição.

Para começar, escolha um local silencioso onde você se sente em paz. Pode ser um cômodo da sua casa, uma colina ou uma montanha, uma praia, ou qualquer outro lugar onde você se sinta confortável e onde não será incomodada.

Sente-se com as costas retas e os joelhos dobrados, os pés plantados no solo diante de você. Feche os olhos e respire fundo. Conforme exala, deixe que a bagunça da sua mente seja liberada junto da sua respiração. Repita esse exercício algumas vezes.

Uma vez que tenha acalmado sua mente, pense sobre uma decisão ou situação que você precise enfrentar em breve. Visualize a situação em sua mente e escute o que as vozes estão falando. O que dizem? Tente ver se há diferenças de tom ou clareza nesses pensamentos.

Agora, tente filtrar as vozes enérgicas, agudas demais. Se estiver começando um novo emprego em breve, por exemplo, essas vozes podem soar como: "Como serão os meus colegas de trabalho? Será que vou me sair bem nesse trabalho? E se eu não me der bem com o meu chefe?". Inspire profundamente e então solte todos esses pensamentos ansiosos e agitados. Essas vozes não são a sua intuição — elas estão ligadas ao seu ego.

Observe que pensamentos e vozes permanecem. É então que você conseguirá perceber a diferença entre instinto e intuição. Lembre-se de que a sua intuição é fluida — ela se move por você como um rio preguiçoso, tranquilo em todo o conhecimento do porvir, certo de que você chegará lá quando for o momento certo. Não há pressa, não há o impulso de se mover depressa ou de mudar de curso. Essa é a hora de deixar as vozes do seu instinto partirem também.

O que vai sobrar é a convicção sólida da sua intuição. Escute a essa voz e preste atenção em qual é a sensação de tê-la dentro de você. Passe quanto tempo achar necessário neste lugar, reconhecendo a profunda sabedoria que o universo tem para compartilhar com cada um de nós. Sua intuição é a luz da paz que guiará você por mares revoltos uma vez que tenha aprendido a escutá-la.

Intuição prática

Quanto mais acessar sua intuição ao longo do dia e em todos os tipos de situação, você passará a escutar essa voz automaticamente. Contudo, até mesmo para aqueles mais experientes, é possível ter dúvidas de vez em quando. O uso prático da intuição é pré-requisito na vida de todas as bruxas, e não há momento mais relevante para seu uso do que em um ritual, ao fazer um feitiço, selecionar suprimentos, ferramentas e ingredientes.

Então o que é a intuição prática? Gosto de pensar que é um compromisso entre a lógica e o intangível. Quando, intuitivamente, escolhemos nossos ingredientes para um encantamento, por exemplo, a intuição prática nos faz perceber que não deveríamos colocar óleo de rosas em um feitiço para romper laços com ex-amantes, como um feitiço para romper uma amarração. Dessa forma, estamos utilizando a razão prática e lógica em conjunto com a nossa intuição para alcançar os melhores resultados.

Na minha opinião, o trabalho com encantamentos (sobretudo na magia intuitiva) é muito como ciência. Revisitar a teoria que diz que a intuição é o resultado de como nossos cérebros armazenam, processam e recuperam informação em um nível subconsciente faz com que os feitiços intuitivos se tornem práticos, mensuráveis e tangíveis. Ao praticar encantamentos intuitivos, você deve documentar tudo que está fazendo e tudo que utilizará, além de registrar os resultados da experiência depois. Uma semana e, em seguida, um mês depois, releia essa anotação para analisar o seu trabalho; reflita sobre o sucesso (ou não) dele e se você faria alguma coisa de diferente. Ao registrar e revisitar sua arte utilizando esse método, você estará ensinando sua futura intuição a fazer melhores escolhas baseadas em erros e tentativas. Esse processo não é nada diferente de um método científico!

Um dos meus primeiros erros quando comecei a me arriscar nos encantamentos foi me ater demais à ideia de fazer as coisas "do jeito certo". Isso me levou a dar ênfase excessiva a coisas que, francamente, não eram importantes e não me ajudavam a progredir. Na época, eu gostaria muito que alguém tivesse me dito que eu não deveria me preocupar com o que os outros dizem ou com tudo que está escrito na internet. Em vez disso, use as ferramentas e palavras que parecem certas para você. Só porque algo funcionou de forma extraordinária com outra pessoa não significa que vai funcionar da mesma maneira no seu caso. Quanto mais prestar atenção ao que a sua intuição tem a dizer, mais o mundo se manifestará diante dos seus olhos!

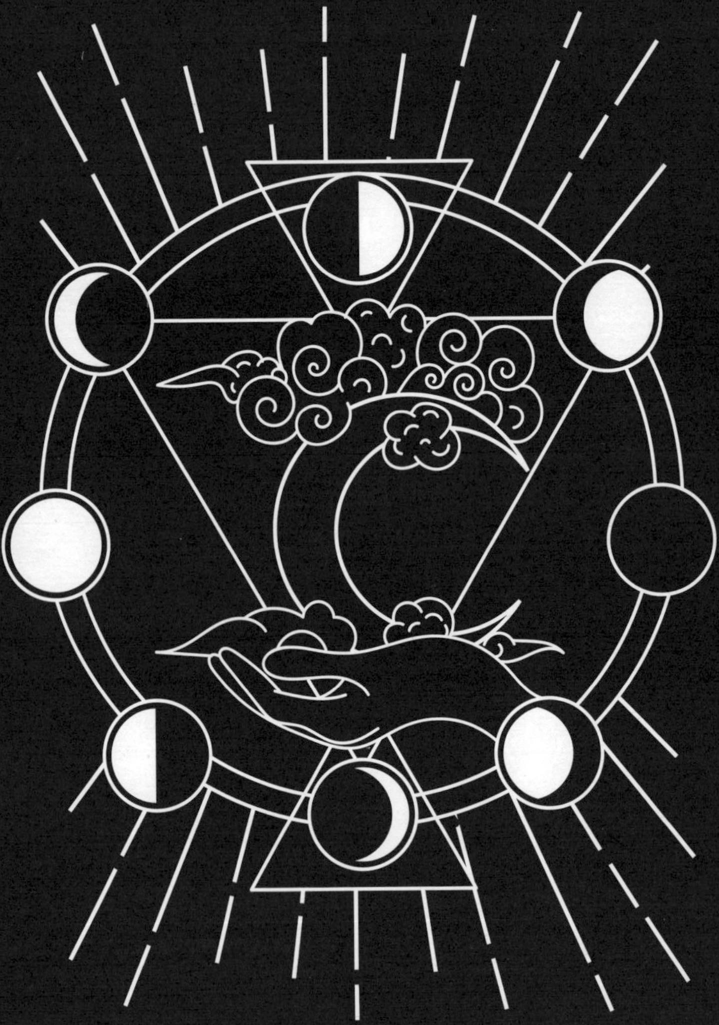

TEMPERANCE ALDEN

BRUXA INTUITIVA
DARKSIDE

CICLOS, ESTAÇÕES, MORTE E RENASCIMENTO

Capítulo 2

"O nascimento é doloroso e encantador. A morte é dolorosa e encantadora. Tudo que termina é também o início de uma outra coisa. A dor não é uma punição e o prazer não é uma recompensa."
— Pema Chödrön —

Para a maioria de nós, o conforto é algo natural; utilizamos ar-condicionado no verão e aquecedor no inverno; e temos frutas e vegetais de todos os tipos à disposição, à venda durante o ano todo, independentemente da estação. No fundo, os humanos são criaturas que precisam de conforto, em constante busca por segurança emocional e física. Somos felizes e prosperamos na segurança que moldamos para nós entre quatro paredes, protegidos das oscilações do clima e das mudanças sutis das estações. Por isso, tornamo-nos anestesiados à presença dos elementos do mundo natural. É essencial que bruxas sejam capazes de fluir com a energia da terra e os ciclos da natureza, mas como consequência do estilo de vida moderno e do valor que damos à conveniência, isso pode ser surpreendentemente difícil. Em essência, nossa busca pelo conforto é algo que nos deixa desconectados da natureza.

Sentir-se desconfortável é um processo inerente ao crescimento conforme expandimos além do confinamento de nossa casca. Viver com conforto é a forma que encontramos para equilibrar isso, embora, se feita de maneira incontrolada, possa funcionar de modo contraintuitivo. Quanto mais confortável estivermos, menos estaremos saindo conscientemente dessa zona de conforto. No que diz respeito à vida moderna, isso bagunça nossa habilidade humana natural de nos sentirmos íntimos às mudanças energéticas das estações e atrapalha o nosso trabalho com elas dentro da bruxaria. Como bruxas, precisamos nos conectar tanto com o mundo físico quanto com o mundo espiritual, restaurando a relação perdida dos humanos com a energia dos ciclos naturais da terra.

Os ciclos do ser humano

Uma das melhores lições de vida para colocar em foco essa teoria costuma ocorrer na aula de artes. Quando os alunos começam a aprender sobre perspectiva, duas pessoas olhando para o mesmo objeto de ângulos diferentes verão dois objetos levemente (ou completamente!) distintos. Essa sensação pode parecer estranha, até mesmo desconfortável. Como é possível que duas pessoas olhando para o mesmo objeto, ao mesmo tempo, no mesmo lugar, tenham percepções tão diferentes do que estão vendo? Nesses momentos, quando criança, sempre senti que todas as pessoas da sala estavam fazendo uma piada muito elaborada comigo.

São lições como essas que começam a moldar nossos ciclos pessoais e as estações das nossas próprias vidas. Outros fatores influentes são os traumas, as relações íntimas, a cultura pop, a educação, a carreira e o entretenimento. Todas essas questões têm um papel principal em como as estações e os ciclos das nossas vidas vão se moldar e como nós caminhamos com nossas vidas.

A maioria das coisas que vivenciamos no mundo físico, se não todas elas, é cíclica na natureza: a forma como agimos e reagimos, como iniciamos e terminamos relacionamentos, como lidamos com nossos empregos e nossas finanças. Como dizemos, quando uma porta se fecha, outra porta se abre. No plano físico que experienciamos todos os dias, é muito comum nos vermos presos a uma rotina engessada ao mesmo tempo que procuramos alguma coisa para animar a vida. No mundo espiritual, isso funciona de outra maneira. Lá, podemos escolher quebrar um ciclo ou continuarmos presos nele — só precisamos botar nossa intenção em ação para causar uma mudança.

Os humanos têm duas maneiras primárias de criar os próprios ciclos: de forma solitária e singular (ciclos que afetam a vida de alguém diretamente) e de forma social (por meio de movimentos políticos, booms econômicos, recessões etc.). Utilizar a bruxaria para realizar mudanças locais, nacionais ou globais é uma possibilidade, e livros como *Revolutionary Witchcraft*, de Sarah Lyons, e *Witchcraft Activism*, de David Salisbury, são boas fontes de estudo para esse tipo de trabalho social. Contudo, como nosso foco é a personalização da nossa roda do ano, confeccionando-a de forma a satisfazer nossas necessidades individuais, vamos tratar apenas do primeiro tipo, o dos ciclos solitários.

Ciclos hormonais

Nossos ciclos solitários não são apenas psicológicos, mas também fisiológicos e espirituais. Um dos fatores que mais age no corpo humano em termos de saúde e, até mesmo de humor, é o nosso ciclo hormonal. Por meio da magia, por exemplo, as pessoas que menstruam são capazes de acessar seus ciclos férteis, extraindo poder do fluxo energético de suas luas. Minha experiência pessoal com o uso contínuo (e a subsequente interrupção) da pílula anticoncepcional me ensinou muito sobre o poder do ciclo natural feminino e as diferenças de trabalhar a favor e contra meu ciclo.

Um ano atrás, fui diagnosticada com uma enxaqueca que me impedia de continuar fazendo uso da pílula anticoncepcional. Então observei como meu corpo entrou em um estado que só posso descrever como "de choque completo". Ele estava tão acostumado a fazer uso de hormônios sintéticos que parecia ter esquecido como trabalhar com o próprio ciclo natural. Meu médico me assegurou, um milhão de vezes, que isso não era o caso, que a pílula não altera permanentemente o nosso ritmo interno. Pessoalmente, eu não estou tão certa disso. Ao interromper o uso, refleti sobre o porquê de ter decidido fazer uso desse método e tudo que ele fez comigo. Comecei a tomar a pílula anticoncepcional aos 16 anos, simplesmente porque eu podia. Eu era saudável, não tinha consciência da minha Síndrome do Ovário Policístico ou da minha predisposição a enxaquecas, e eu só queria ver minha pele livre de espinhas. Eu estava tão preparada para trocar o poder e a santidade da minha menstruação pela conveniência de ter uma pele uniforme que fiz uso de um medicamento que entorpeceu minha magia natural e intrínseca.

Não acho que seja preciso que eu diga, mas as pessoas que não menstruam também têm seus ciclos hormonais naturais! Não é porque eles não sangram que eles não possam utilizar essa mesma época do mês para acessar níveis mais profundos de magia. Muitos pesquisadores médicos concordam que os níveis de testosterona e estrogênios nos homens funcionam em ciclos similares aos das mulheres e podem afetar seus humores, libido, energia, apetite e até mesmo a saúde mental.

Além dos hormônios, todos experimentamos ciclos físicos, como o sono, a fome e os outros ritmos circadianos. Há uma crendice popular que diz que, a cada sete ou dez anos, todas as células do corpo se renovam. Isso é tecnicamente falso. As células cerebrais não se regeneram depois de mortas e nunca podem ser substituídas. Entretanto, a maior parte do nosso corpo se regenera, então isso também pode ser visto como uma espécie de ciclo.

Estações

Aproveitar a mudança das estações é uma das melhores partes em se estar vivo. Elas ditam não só a forma como nos vestimos e celebramos, mas também o que podemos comer, o que fazer no trabalho, no lazer e para onde viajar. No entanto, há mais estações que o outono, o inverno, a primavera e o verão; também existe a estação da seca, a estação das chuvas, o verão indiano, a temporada dos tubarões, e a lista continua. (O último exemplo é especificamente para as bruxas da Flórida, mas em certos locais há estações focadas em animais considerados especialmente relevantes.)

No outono, experimentamos os estágios iniciais de degeneração da terra. O clima fica mais frio e seco, as folhas caem das árvores, e os véus entre mundos se tornam mais finos. Essa é a época em que a morte se torna mais presente em nossas vidas. A morte pode parecer um conceito distante, algo que não compreendemos, mas por meio do outono e do inverno é possível entender e criar maior familiaridade com ela. A morte é uma fase do ciclo que o outono recebe de braços abertos.

Este é um período mais quente, quando a temperatura vai caindo aos poucos, e começamos a nos preparar para a colheita. É quando ocorre a vinda precoce do crepúsculo, escurecendo os céus cada vez mais cedo, que percebemos a presença cada mais próxima da morte novamente. Sentimos, então, que a energia do inverno ainda não atingiu sua força total.

Durante os meses de outono, o tempo de nos desenvolvermos espiritualmente está no seu estado mais ativo. O véu entre mundos é surpreendentemente fino, permitindo que os espíritos caminhem conosco. Os deuses, por sua vez, fazem-se notar todos os dias, enquanto vemos os ciclos da vida e da morte representados na natureza. Essa época é muito útil para resolver traumas e fazer trabalho das sombras. Vamos fazer uma pausa aqui, pois acredito ser importante definir o que é o trabalho das sombras e como ele pode ter um papel importante no trabalho com as estações.

O "trabalho das sombras" é um termo que foi utilizado pela primeira vez pelo psicólogo Carl Jung para descrever as partes de nós mesmos que reprimimos de nossa personalidade ativa. Imagine que sejam os esqueletos no nosso armário psíquico. Sobre o trabalho das sombras, Jung escreveu: "Infelizmente, não há dúvida de que o homem não é, em geral, tão bom quanto imagina ou gostaria de ser. Todo mundo tem uma sombra, e quanto mais escondida ela estiver da vida consciente do indivíduo, mais escura e densa ela se tornará. Se a sensação de inferioridade for consciente, sempre será possível corrigi-la. Além disso, essa sombra está em contato constante com outros interesses, então está sempre sujeita a modificações. Contudo, se estiver reprimida e isolada da consciência, ela nunca será corrigida".

Quando falamos do trabalho das sombras em um sentido espiritual, estamos retomando essas ideias fundamentais que Jung apresentou sobre refletirmos sobre o nosso Eu por inteiro, iluminando partes que preferimos deixar às escuras, e trazendo equilíbrio à nossa psique.

Trabalharmos nas nossas sombras é um processo vitalício de nos mantermos sempre sob análise, sentindo as dores e as delícias da nossa humanidade, e nos esforçando para sermos pessoas melhores enquanto fazemos as pazes com os nossos próprios demônios.

Ao observarmos a roda do ano, na superfície, percebemos quatro estações principais: duas delas são "claras" e duas delas são "escuras". A energia da terra nos guia de verdade — não só nos trabalhos quanto nos processos de cura —, nos dando espaço, todos os anos, para nos reavaliarmos e nos reinventarmos! Voltando ao outono, que inicia a metade escura, o "lado das sombras" do ano, essa temporada é excelente para começar projetos financeiros a longo prazo, pois é uma estação-irmã da primavera, bastante útil para ganhos rápidos de dinheiro e projetos financeiros a curto prazo (pois o sol retorna rapidamente). Comece a plantar as sementes do seu objetivo durante o outono para ver o fruto de todo o seu trabalho nos meses de primavera e de verão!

Ao chegarmos ao inverno, estamos incorporando a morte e o sono. O sono é também chamado de "pequena morte", o que se aplica perfeitamente a essa estação. Nesse período, a terra está em um estado de dormência, e muitos dos deuses estão adormecidos, deixando-nos sós para lidarmos com a realidade árdua do inverno. Esses deuses e deusas estarão renascidos na primavera, mas sem a presença deles para aquecer os céus, os meses invernais são frios e sombrios.

O inverno traz consigo desafios únicos, mas também tem seus pontos fortes que nos servem de aprendizado. Esse é um período para desenvolver o seu ímpeto e manifestar uma intensa força de viver nos meses vindouros. O sagrado feminino está presente nessa estação e, por isso, torna-se muito fácil acessá-lo nesse momento. Os meses invernais são uma estação incubatória entre a morte do inverno e a vida da primavera, prenha de possibilidades. As sementes que se enraizarão na primavera estão apenas esperando pelo fim de seu estado de letargia. A vida precisa de descanso, por isso o inverno dá à terra a oportunidade de realizar um sono reparador a fim de florescer na primavera.

A primavera traz consigo os primeiros raios da nova vida, a alegria e a vitalidade da energia do sol. É tempo de renascimento e do retorno à harmonia após o caos trazido pelo inverno. Essa estação contém em si chuva, sol, neve e gelo, dependendo do clima e do local onde está ocorrendo. É um período misto do ano quando o mundo da morte encontra o mundo da vida — luz e trevas, yin e yang. O sol fica mais tempo no céu conforme o solstício de verão se aproxima, e a terra vai acordando aos poucos de sua sonolência.

A primavera, luminosa e fresca, traz consigo a alegria do potencial. A magia também está despertando de seu longo sono de inverno, e é quando começamos a ver as sementes de diferentes tipos de manifestação. É um período perfeito para a magia do amor, a magia do dinheiro, a fertilidade e a amizade. O desabrochar das flores e dos brotos que emergem da terra nos lembram de sermos gratos pelas nossas amizades e pelas relações familiares que sobreviveram para enxergar a vida do novo ano.

O verão é a personificação física da vida. É o tempo em que o Sol está no seu auge e as energias do fogo, da sexualidade e do sagrado masculino estão no seu pico. Todos os animais que nasceram ao longo da primavera estão crescendo, assim como as plantas. Tempestades estão se formando no Atlântico e o mundo é um lugar quente e promissor. O verão é o período em que os planos e as manifestações começadas nas estações anteriores se realizam.

Ao longo dos meses mais quentes do ano, achamos fogo e paixão para continuar transformando nossas metas em realidade. É preciso ativar essa energia para continuarmos com nossos ciclos pessoais, vivendo o melhor de nossas vidas antes que a palidez outonal volte a se instalar. No verão, é preciso seguir adiante; por isso, essa é a melhor época para se realizar feitiços de banimento, graças ao calor, à umidade, às tempestades e às altas temperaturas. Essa estação também é excelente para trabalhar com o intuito de libertar nossas crianças interiores, direcionando-as para a nossa energia criativa. Esse não é o melhor momento de trabalhar nossos traumas, mas sim de incorporar a diversão e a energia despreocupada das crianças.

Ciclos climáticos

Ao longo dos anos, assim que comecei a trabalhar com mais afinco com a energia envolvendo a roda do ano, passei a entender que os ciclos climáticos são, talvez, a parte mais influente da roda. De acordo com John Houghton, autor de *Global Warming: The Complete Briefing*, o clima também pode ser definido como a temperatura comum de uma determinada região. Quando falamos de clima também falamos de variações anuais de temperatura, de precipitação, vento e outras variáveis de tempo, segundo Francisco J. Borrero et al., em *Glencoe Earth Science: Geology, the Environment, and the Universe*. Por definição, o clima é o que determina as estações específicas de cada região, mas não é só isso. Como os seres humanos reagem às mudanças sazonais e seus climas é um fator que contribui para a existência de muitos dos feriados e celebrações presentes na roda do ano. Na minha opinião, é isso que torna o fator climático um dos nossos mais (se não o mais) importantes ciclos.

Acredito que a variação climática tem determinado não só a evolução dos seres humanos, mas onde e quão rápido evoluíram e desenvolveram aparatos tecnológicos para facilitar a própria sobrevivência. Nos dias de hoje, de certa forma, ainda lidamos com questões climáticas de maneira muito parecida com a dos ecos da nossa história. Ciclos climáticos não se limitam unicamente à influência humana, mas também têm relação com variações naturais, como o ciclo do carbono, El Niño e muitos outros fatores ambientais. Esses ciclos se modificam sem interferência ou influência humana, mas também são verdadeiramente afetados de forma concreta por práticas humanas.

Ao abordarmos questões climáticas, precisamos mencionar a existência de alguns tipos específicos de ciclos que ocorrem ao longo de anos, décadas, séculos e milênios. No período mais curto dessas possibilidades, temos os ciclos anuais (ou decadais) que observamos com certa regularidade. Fenômenos como El Niño ou La Niña, por exemplo, são ciclos que ocorrem a cada três ou sete anos e afetam as condições climáticas em diversas partes do mundo. El Niño é definido como um aquecimento da temperatura das águas do oceano Pacífico na costa da América do

Sul que impacta de forma significativa o clima do mundo (Houghton, *Global Warming*, 335). Durante o fenômeno El Niño, os Estados Unidos, por exemplo, recebem um fluxo de ar seco e quente vindo do Noroeste que afeta o ciclo das queimadas, enquanto, no Sudeste, temos chuvas intensas por conta da mudança da direção do vento e das correntes de ar.

Se formos mais longe, perceberemos mudanças climáticas que ocorrem apenas a cada duzentos ou 1.500 anos. Esses ciclos costumam ser ativados por padrões de circulação oceânica. Há evidência histórica sobre esses padrões de larga escala, como o Período Quente Medieval e a Pequena Era do Gelo. A Pequena Era do Gelo ocorreu entre 1400 e 1900 a.C. Nesse período de tempo, a Europa era muito mais fria do que havia sido durante o Período Quente Medieval, algo que afetou não só as plantações, mas também o crescimento humano, tornando-se um fator decisivo para o início da industrialização.

Finalmente, os mais longos ciclos climáticos ocorrem entre 10 e 100 mil anos. Acredita-se que eles sejam iniciados por uma variação orbital da Terra ao redor do Sol, algo conhecido como o ciclo de Milankovitch. Christopher Campisano, um professor associado da Escola de Evolução Humana e Mudança Social, na Universidade Estadual do Arizona, diz que o ciclo de Milankovitch se refere à oscilação orbital natural da Terra e inclui três grandes fatores: excentricidade, obliquidade e precessão (Campisano, *Milankovitch Cycles, Paleoclimatic Change, and Hominin Evolution*). Na teoria, há três componentes principais que, quando combinados, afetam a quantidade de calor presente na superfície terrestre, o que, consequentemente, influencia os padrões climáticos.

O primeiro fator, a excentricidade natural da terra, refere-se ao caminho elíptico de sua órbita ao redor do Sol. O segundo é sobre a sua inclinação axial, também conhecida como obliquidade. A Terra está em constante rotação ao redor de seu próprio eixo, o que produz o dia e a noite. Isso não ocorre em um ângulo reto, mas inclinado, entre 22° e 24° graus. Por fim, temos a precessão, que é basicamente uma mudança de rotação induzida pela gravidade. Um ciclo completo desses leva cerca 26 mil anos para acontecer e é ocasionado por forças de marés criadas pelo Sol e pela Lua.

Há um grande número de cientistas que acreditam que, devido ao ciclo de Milankovitch, a teoria do aquecimento global é apenas uma série de eventos que costuma acontecer de milhares em milhares de anos e não pode ser impedida. Esse argumento sugere que, devido aos fatores de excentricidade, inclinação axial e processão, os humanos têm muito pouca influência sobre os ciclos da terra.

Ciclos astrológicos

Acho que colocar os ciclos astrológicos logo depois do tópico de ciclos climáticos faz sentido por diversas razões. Primeiro, em termos de ciência terrestre básica, pois tanto a Lua quanto o Sol têm efeitos físicos sobre o nosso planeta que podemos observar com nossos próprios olhos. O Sol aquece a terra, e a Lua é responsável pela mudança das nossas marés. Os ciclos astrológicos são complexos e abundantes, além de afetarem a nossa rotina de múltiplas maneiras. Esses ciclos são conhecidos como ciclos sinódicos, ou seja, ciclos que ocorrem devido à interação entre os planetas.

Cada planeta do sistema solar tem seu próprio ciclo específico relacionado ao seu período orbital e sua relação com a terra. A Lua tem o ciclo mais curto, pois leva apenas 27,5 dias para viajar por todos os doze signos, enquanto Plutão leva 248 anos para fazer o mesmo percurso. A Lua tem também ciclo adicionais que podem ser vistos a olho nu e têm o poder de influenciar a Terra, por exemplo, as fases lunares, que vão desde a lua nova até a lua cheia.

O Sol, Mercúrio e Vênus "viajam" na roda do ano em cerca de 365 dias. Isso significa que eles se movem um grau por dia ao longo da transição das estações. Marte demora um pouco mais, leva cerca de 22 meses para viajar por todos os signos. Júpiter leva por volta de doze anos, Saturno, aproximadamente 28 anos, Urano, cerca de 84 anos e Netuno leva 165 anos. Plutão, como já mencionado, faz o caminho em incríveis 248 anos.

No livro *Astrology for Real Life*, Theresa Reed agrupa os planetas pela duração de seus ciclos. Ela escreve:

Há três grupos distintos: os planetas pessoais (que englobam também Sol e Lua, conforme as nomenclaturas da astrologia), os planetas sociais e os planetas geracionais.

Os <u>planetas pessoais</u> [o Sol, a Lua, Mercúrio, Vênus e Marte] se movem rapidamente pelo céu e costumam influenciar nossas personalidades e nossas interações com outras pessoas.

Os <u>planetas sociais</u> [Júpiter e Saturno] simbolizam as formas como você opera no mundo ao seu redor em relação aos aspectos sociais da sua vida. Eles movimentam-se pelo cosmos em um ritmo mais lento, então o seu impacto influencia mais amplamente do que a dos planetas pessoais.

Os <u>planetas geracionais</u> [Urano, Netuno e Plutão] são os pesos-pesados quase estáticos do cosmos. Eles representam o que está ocorrendo na sociedade ou no mundo.

Ao observarmos o período sideral da órbita e agruparmos os planetas com seus correspondentes, podemos fazer uma conexão real entre os ciclos, os elementos (que veremos com detalhes mais adiante) e os fatores energéticos presentes na roda do ano.

Os signos astrológicos

É do saber de todos a existência de doze signos no ano:

Áries	21 de março — 20 de abril
Touro	21 de abril — 20 de maio
Gêmeos	21 de maio — 20 de junho
Câncer	21 de junho — 22 de julho
Leão	23 de julho — 22 de agosto
Virgem	23 de agosto — 22 de setembro
Libra	23 de setembro — 22 de outubro
Escorpião	23 de outubro — 21 de novembro
Sagitário	22 de novembro — 21 de dezembro
Capricórnio	22 de dezembro — 20 de janeiro
Aquário	21 de janeiro — 18 de fevereiro
Peixes	19 de fevereiro — 20 de março

Além disso, cada um dos signos astrológicos tem um planeta (ou planetas) regente que o comanda e lhe empresta características únicas.

Sol	Leão
Lua	Câncer
Mercúrio	Gêmeos, Virgem
Vênus	Touro, Libra
Marte	Áries
Júpiter	Sagitário
Saturno	Capricórnio
Urano	Aquário
Netuno	Peixes
Plutão	Escorpião

Nessa configuração podemos observar mais facilmente as ligações entre os ciclos sinódicos e a astrologia do nosso cotidiano.

Isso é um exemplo dos ciclos dos planetas e seus signos respectivos, mas esses não são os únicos padrões que causam impacto astrológico na Terra. Outros ciclos-chaves também incluem padrões retrógrados. Isso ocorre quando a Terra passa ou é ultrapassada por outro planeta. Tal situação causa a ilusão de um movimento reverso, enquanto os planetas estão orbitando ao redor do sol na mesma direção, mas em velocidades diferentes. Cada planeta tem seu próprio ciclo retrógrado. O ciclo retrógrado mais veloz é o de Mercúrio, que dura apenas 21 dias. O mais longo é o de Netuno, que dura cerca de 158 dias.

Quando todas as coisas boas chegam ao fim

O filósofo alemão Arthur Schopenhauer nos lembra que: "Cada dia é uma pequena vida: em que todo despertar é um pequeno nascimento, cada manhã fresca é uma pequena juventude e cada adormecer é uma pequena morte". A morte é o único ciclo que começa e termina tudo. A morte é a constante companheira dos ciclos da nossa vida na natureza e caminha silenciosamente conosco por todas as alegrias do viver.

Esse ciclo se inicia antes do nascer, conforme navegamos pela morte para chegar à luz da nova vida. Sua crença no que há antes do nascimento e depois da morte moldará sua opinião sobre o início desse ciclo. Não há um padrão entre as bruxas: algumas são ateístas e acreditam que nada acontece, outras acreditam em reencarnação, e há também aquelas que creem no conceito de céu e inferno. Pessoalmente, acredito na reencarnação, a ideia de que a vida surge da morte. A morte seria um estado inativo que pode, inclusive, ser observado em sementes que parecem desprovidas de vida ao plantá-las no solo, contudo, dali surgem belas plantas e flores após um tempo. A meu ver, é das trevas da morte que surge a luz da vida.

Reconhecer e fazer as pazes com os ciclos da vida e da morte são questões imprescindíveis para o caminho espiritual da bruxa moderna. Não podemos evitar a morte, e a existência dela não é algo tão assustador assim quando conseguimos superar nosso entendimento limitado a seu respeito. Nós, humanos, temos pavor daquilo que não conhecemos, e a morte é exatamente isso. Após nosso nascimento, não conseguimos nos lembrar dela; a luz do dia apaga o conhecimento da escuridão que nossas almas já conheceram outrora. Entretanto, todos viemos da morte e todos retornaremos a ela algum dia.

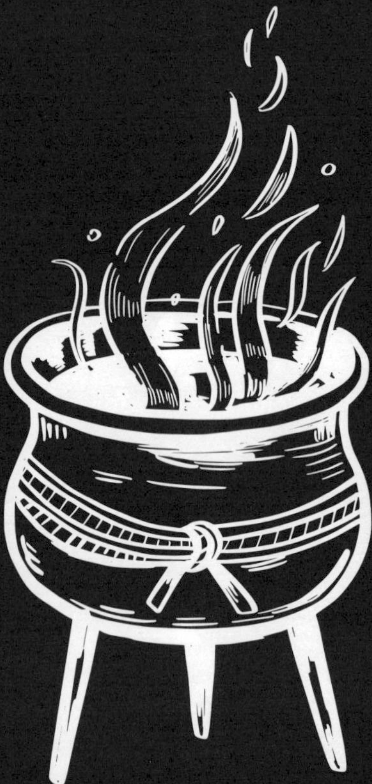

MAGIA ELEMENTAL

Capítulo 3

"Mova-se rápido como o Vento,
seja sereno como a Floresta, ataque
ferozmente como o Fogo e permaneça
sólido como uma Montanha."
— Sun Tzu —

O que é a magia elemental e por que ela é tão relevante para a bruxaria? Em poucas palavras, a magia elemental trabalha e invoca os elementos da natureza para manifestar resultados e objetivos específicos. Não há uma única pessoa viva que não tenha vivenciado o poder de algum dos elementos no seu dia a dia. Podemos caminhar ao ar livre e sentir uma brisa, ou o calor do sol queimando nossa pele. Podemos molhar nossas plantas ou decidir fazermos uma compostagem. Todos esses exemplos ilustram de que maneiras experienciamos (e às vezes até mesmo subestimamos) os elementos.

No nível mais básico, temos quatro elementos: Fogo, Terra, Água e Ar. Mas nós, que seguimos o caminho do paganismo, reconhecemos um quinto elemento: o espírito, ou éter. Uma pessoa comum não consegue interagir, ver ou sentir esse espírito, mas isso não quer dizer que ele não exista. Não costumo trabalhar com esse quinto elemento, mas só porque eu optei por não fazê-lo, não quer dizer que não valha a pena conhecê-lo.

Eu seria bastante relapsa se decidisse fazer um capítulo sobre os elementos da natureza e não mencionasse, ainda que de maneira breve, a alquimia. No livro *The Dark Arts*, Richard Cavendish escreve: "No ocultismo moderno, os quatro elementos são quatro condições nas quais a energia pode existir. O fogo representa a eletricidade, o ar é o estado gasoso, a água é o estado líquido e a terra é o estado sólido. Todas as coisas existem em uma ou outra dessas condições, ou são uma mistura delas, podendo, inclusive, se metamorfosear em outro estado".

No dia a dia, relacionamos a maioria das coisas a um elemento primário (as plantas, por exemplo, simbolizando a Terra), mas não há nada no plano físico que seja feito de um único elemento. Sem a água e a terra, não teríamos vegetais; sem a terra e o fogo, não teríamos gemas e cristais; sem o ar, não teríamos o fogo. Os elementos compartilham suas forças e, ao fazerem tal troca, também nos emprestam essa energia.

Fogo

O Fogo é um forte elemento ligado à vida, ao amor e à paixão. Ele está associado ao sol e governa aspectos como o desejo, a intuição, a inteligência e a manifestação das intenções. Por outro lado, o fogo também pode ser destrutivo e criativo em igual medida. É um elemento que precisa de cuidado e paciência, pois, se sair do controle, tem a capacidade de consumir tudo ao seu redor. Governante do Sul no compasso da vida, o Fogo está intimamente relacionado às nossas personalidades externas (geralmente os signos regidos pelo Sol na astrologia).

    O Fogo pode ser invocado de diversas maneiras. A forma mais óbvia é por meio de uma chama. Essa chama pode ser acesa em uma vela, em um fósforo, uma fogueira, ou até mesmo por meio de uma vela eletrônica. Além disso, há outras maneiras de convocar esse elemento que não necessitem de ferramentas. O sol é uma excelente forma de conjurar o Fogo. A paixão do sexo também pode ser utilizada para invocar cada um dos elementos separadamente, mas, sobretudo, o Fogo e a Terra.

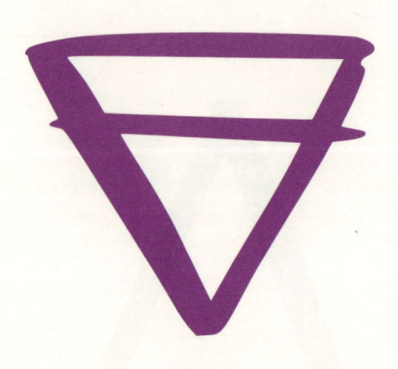

Terra

A Terra é o elemento da estabilidade. Muito versátil, esse elemento tem seus pontos fortes no crescimento e na morte, presente em todos os ciclos da vida. Diferentemente do Fogo, a Terra é abundante em suas características, existindo em florestas, desertos, montanhas, praias e planícies que possam diversificar esse elemento magicamente.

    Um dos fatores que torna o elemento Terra único é que ele pode existir independentemente de outros elementos, mas também é capaz de coexistir com todos eles. Água, fogo e ar têm formas que podem se modificar e alterar as condições físicas do elemento Terra, amarrando magicamente a energia dos elementos. Ao trabalhar com a terra, é muito importante lembrar que ela é igualmente estável e destrutiva. Terremotos e erupções vulcânicas são apenas alguns exemplos de como a estabilidade pode ser alterada drasticamente com a presença de outros elementos, pressão ou estresse a que seja submetida por longos períodos de tempo.

    O elemento Terra é frequentemente associado ao ponto cardeal Norte. Embora essa não seja uma referência tradicional, costumo associar a lua ao elemento Terra. A Lua é uma extensão da vida na terra, responsável pelo fluxo e refluxo das nossas marés e nossos ciclos. Ela é guiada pela força gravitacional da Terra e, em troca, nos presenteia com o movimento pelo qual os outros elementos podem fornecer vida ao nosso planeta.

Invocar o elemento Terra é tão simples quanto sair para dar um passeio e tomar a decisão consciente de se tornar parte dela. Caminhar ao ar livre, seja na chuva, no calor, na neve, no sol, ou à noite, é uma ótima maneira de vivenciar a energia da terra. Outras formas de conexão incluem a jardinagem, a compostagem, cuidar de animais e cozinhar. Você dificilmente encontrará algo que a conecte mais ao solo do que ir até uma árvore, pressionar sua mão contra ela, fechar os olhos e respirar fundo. Ao realizar esse simples ato, as bruxas são capazes de se conectar com as energias da terra e sentir como se montanhas estivessem sendo elevadas de seus corpos e espíritos.

O elemento Terra também pode ser convocado por meio da cozinha mágica. Cozinhar com vegetais, frutas e raízes é algo que traz a terra para as nossas cozinhas e para dentro de nossos corpos físicos, preenchendo-nos de nutrientes e de energia vital. Caso você viva em uma área urbana ou em um apartamento, a bruxaria da cozinha é uma das opções mais fáceis de se receber e invocar o elemento terra.

Água

Não se deixe enganar pela Água — ela é mais forte do que você pensa. A Água é o elemento que sustenta a vida. Nenhuma planta ou animal pode sobreviver sem ela, por isso ela é o elemento mais importante de todos (bruxas da água, regozijem-se!). O que torna a água um elemento tão único e, principalmente, tão versátil é que ela pode existir nos estados líquido, sólido e gasoso. Ela pode surgir como rio, neblina, vapor ou gelo. Pode vir a nós no formato de neve, granizo ou chuva. A água não só purifica como também nos traz a cura, dando-nos mais força vital que qualquer outro elemento.

Contudo, a Água, como todos os outros elementos da natureza, tem o poder de destruir. Diferentemente dos incêndios ou dos terremotos, a água nos inunda de maneiras que os outros elementos são incapazes de reproduzir. Quando combinada com o ar, a água pode criar furacões e tempestades de proporções gigantescas.

Embora se diga que a água é mais comumente relacionada à Lua (por conta de seu efeito nas marés), para mim, a Água está mais próxima do planeta Netuno. Netuno é um gigante feito de gás e gelo, composto de materiais fluidos congelados, incluindo a água. Netuno é o planeta regente do signo de Peixes, geralmente associado à intuição e à iluminação espiritual. O elemento Água está voltado para o Oeste no compasso da vida.

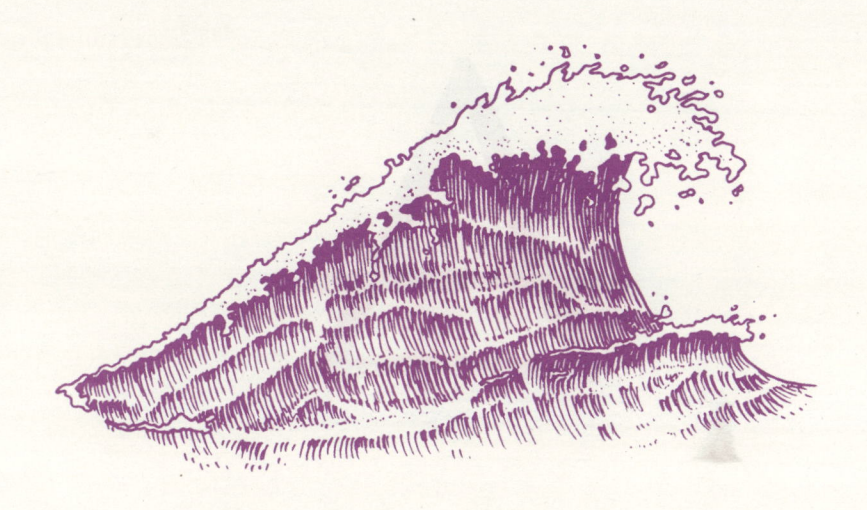

Há diversas maneiras de invocar o elemento Água no dia a dia. Uma das formas mais fáceis é beber água, com intenção, dando as boas-vindas às propriedades curativas desse elemento. Todos tomamos banho, nadamos e escovamos os dentes com a água. Também a utilizamos para cozinhar e manter vivos nossos animais e nossas plantas.

Outra maneira de invocar o elemento Água é por meio da conexão com corpos naturais de água! Visitar lugares como praias, lagos ou rios são formas de nos ligarmos, simultaneamente, aos elementos Água e Terra. Caso você viva em um lugar em que seja difícil entrar em contato com tais elementos, é sempre possível dar um mergulho em uma piscina ou visitar fontes de água.

Ar

O Ar é um elemento de movimento, versátil como a água. Ele está sempre ao nosso redor no planeta Terra, mas não costuma ser notado até que nos incomode ou que sintamos a falta dele. Para os que vivem em lugares mais frios, o ar pode ser visto a olho nu quando se expira o ar frio do inverno. Por outro lado, é muito comum que ele nos deixe sem fôlego enquanto escalamos montanhas. Em momentos como esses, é comum que se diga que o ar está "rarefeito".

Gosto de pensar que o ar tem o poder único e transformador de trazer à vida (embora também possa levar à morte). Por exemplo, o fogo se apaga com a ausência do ar. Ele é vital para que a vida prospere, principalmente no nosso planeta. É um recurso sagrado, algo que trazemos para dentro de nossos corpos instintivamente a fim de nos mantermos vivos. As pessoas podem viver sem água ou comida por alguns dias, mas basta apenas uns poucos minutos sem ar para extinguir a vida. Sendo assim, o Ar é mais comumente associado ao Leste e aos deuses em geral. Além disso, todos os planetas gigantes e gasosos estão ligados a esse elemento.

    A forma mais fácil de se invocar o elemento Ar é por meio da meditação. Quando meditamos, nosso foco é a respiração, o que significa que estamos inalando e exalando ar de dentro de nossos espíritos e corpos físicos. Outras maneiras de convocar esse elemento incluem caminhadas ao ar livre em dias de ventania; ligar o ar-condicionado caso esteja vivendo em um lugar quente; ou simplesmente saindo de casa em um dia quente e abafado. Isso pode parecer contraintuitivo, colocar-se em uma posição desconfortável de propósito, porém vivenciar o planeta e os elementos sem o prazer de uma brisa fresca ajudará a perceber a importância deles para a sua existência!

Espírito ou Éter

Por fim, porém não menos importante, há o elemento do Espírito. O Espírito habita a essência dos nossos seres. Aprendemos como nos relacionar com o mundo por meio do espírito e, uma vez que estejamos prontos para deixar a forma humana, voltamos a ele. O Espírito não pode ser contido ou medido de maneira nenhuma. Isso não quer dizer que não exista; apenas que não conseguimos percebê-lo.

O Espírito engloba o sagrado feminino, o sagrado masculino e as outras energias divinas. Tudo isso para dizer que o espírito é um elemento de gênero neutro. Ele é tudo e nada ao mesmo tempo, é parte de tudo que já existiu, de tudo que virá a existir e de tudo que nunca acontecerá. Para invocar o espírito é preciso invocar a essência do ser, e esta não pode ser contida.

O elemento do Espírito é simbolizado pela ponta no topo do pentáculo, ou a ponta de baixo do pentagrama, e algumas pessoas creem que ele é uma representação de nós mesmos. Há alguns conflitos de informações sobre as diferenças entre os pentagramas, ☆ ou ⛧, e o pentáculo, ⛤. Isso ocorre porque cada tradição os utiliza à sua maneira. Algumas pessoas usam qualquer uma das denominações para o mesmo símbolo, independentemente se esteja invertido ou não, enquanto outras usam o *pentáculo* para representar a estrela de cinco pontas dentro de um círculo e o *pentagrama* para se referir à estrela invertida.

Em *The Essential Golden Dawn*, Chic e Sandra Cicero definem os pentáculos como "(...) um dos quatro naipes do tarô atribuído ao elemento Terra e ao mundo cabalístico de Assiah. O pentáculo é um diagrama mágico, geralmente redondo, gravado em couro, metal, ou outro material que possa ser usado para criar um talismã. Além disso, ele é uma das ferramentas elementais de um feiticeiro da Aurora Dourada".

Eles continuam e definem o pentagrama como "(...) uma figura geométrica inspirada no pentáculo, pois tem cinco linhas e cinco 'pontas'. Essas figuras inspiradas no pentáculo incluem o pentagrama e o pentágono. Ao pentagrama, ou estrela de cinco pontas, são atribuídos os cinco elementos — Fogo, Água, Ar, Terra e Espírito. Às vezes chamado de 'Estrela Flamejante', 'Pé dos Druidas', 'Estrela dos Magos' e 'Estrela do Microcosmos'. Uma outra denominação para o pentagrama é o pentalfa, pois pode ter sido confeccionado baseando-se nos cinco alfas gregos".

O Espírito está presente em todos os elementos, energizando tudo que toca. Ele é inquantificável, fascinante e misterioso. É possível invocar esse elemento por meio de tudo que fazemos. Viver com intenção, estar em contato com nossa intuição, manter a prática espiritual, realizar meditação e rezar são só alguns exemplos comuns de como evocar o espírito. O espírito não é exclusivo dos pagãos e espiritualistas esotéricos, mas faz parte de todas as religiões e práticas espirituais do planeta.

O Espírito se mostra a nós em um nível no qual podemos compreendê-lo. Cada um vê ou entende esse espírito de maneira única e particular. Deus nos encontra no nosso próprio nível, o que quer dizer que é ali que o espírito nos encontrará. Entendemos e crescemos no nosso próprio ritmo, tendo esse elemento como nosso guia. Por isso, separe um tempo para meditar. Você perceberá que, com esse exercício, você será capaz de escutar toda a sabedoria que o espírito tem a lhe proporcionar.

Invocando os elementos

Cada uma das quatro estações tem um elemento primário que deve ser especificamente invocado a fim de auxiliar no trabalho de encantamento. Ao invocarmos os elementos, nós podemos utilizar o poder das estações do ano para acessarmos uma energia muito específica. Acredito que ligar as estações aos elementos é um conceito muito agradável, e isso tem me permitido aprofundar minhas relações com o mundo natural e os seus elementos de forma sazonal. Então, voltando ao pentagrama e os elementos do Fogo, Água, Terra, Ar e Espírito, podemos começar a combinar as estações do ano com seus respectivos elementos.

A primavera incorpora o elemento ar. Ela traz consigo o frescor da nova vida, por isso é possível sair ao ar livre e sentir o toque da brisa em sua pele de formas que, em outras estações, poderiam ser até mesmo desagradáveis. Desde sempre, as pessoas costumam descrever a primavera como um período "arejado e luminoso". Ao invocar o elemento Ar e a primavera, utilize velas da cor branca, azul-anil, rosa-claro e amarelo-claro.

O verão é sinônimo de um calor ardente e personifica o elemento Fogo. O sol é quente e esquenta a terra. Se você passar muito tempo exposto a ele durante o verão é possível que tenha uma queimadura de pele. Use velas nas cores vermelho, laranja, amarelo-gema, marrom, branco e dourado para evocar o elemento Fogo e o verão.

O outono é minha estação favorita e traz consigo sentimentos de conforto, paz e estabilidade. Ele encarna o elemento da Terra. Representa o fim do ano da bruxa, uma época de manter os pés no chão, desacelerar e refletir sobre a passagem do ano. Escolha velas das cores verde, roxo, marrom, cinza, preto, amarelo e laranja para evocar o elemento Terra e o outono.

O inverno, por sua vez, simboliza tanto a morte do ano que se foi quanto o começo de um novo ano. Essa estação representa o elemento Água em muitos lugares nos quais neva. Em climas mais amenos, onde faz calor, a água surge como fonte de prazer, enquanto o sol diminui e a água nutre jardins e enche praias. Ao invocar o elemento Água e o inverno, selecione velas nas cores prata, cinza, branco, azul, azul-claro, roxo, vermelho, preto ou verde.

Por fim, há o elemento do Espírito. Acredito que o espírito se encaixe em todas as estações, preenchendo os espaços vazios entre as transições e garantindo uma base e uma presença firme para que cada período tenha seu próprio momento. O Espírito é onipresente e pode ser invocado sempre que alguém precisar de um aumento de energia. Pessoalmente, gosto de utilizar velas brancas para invocá-lo na primavera e no verão, e velas pretas para chamá-lo no outono e no inverno. Escolho esse método por acreditar que o espírito reflete a jornada espiritual humana por meio das metades de trevas e luz que compõem o ano e nos relembra qual parte de nossas mentes deveríamos estar aprimorando.

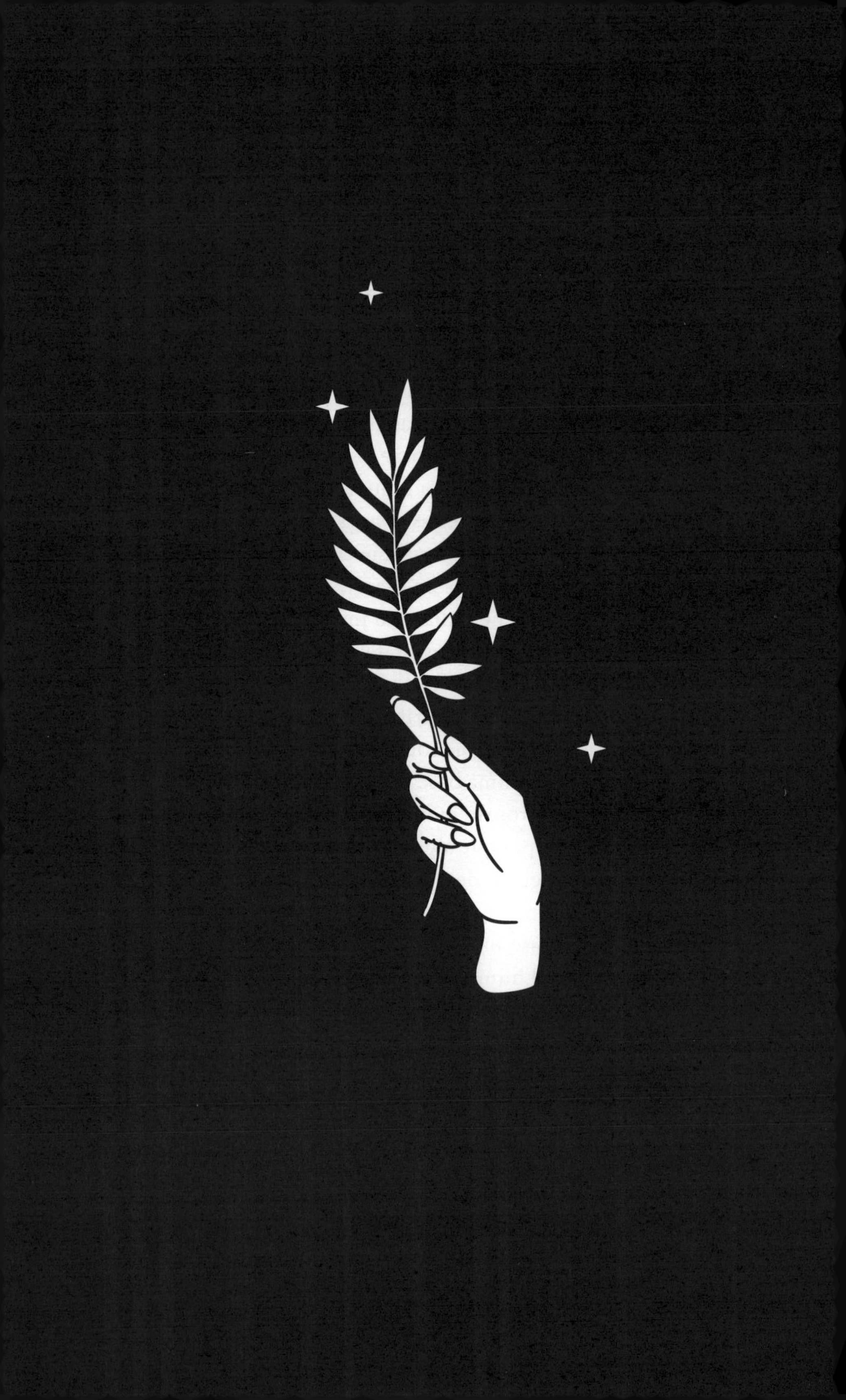

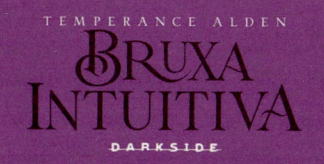

GUARDIÕES DA TERRA

Capítulo 4

"O mundo não é dado pelos pais,
mas sim emprestado dos filhos."
— Wendell Berry, *The Unforeseen Wilderness* —

Inicialmente, este capítulo foi escrito antes da pandemia daquilo que hoje conhecemos como SARS-COV-2, a Covid-19. Contudo, acredito ser importante apontar que, devido a esse novo elemento, a forma como o mundo funciona e minhas opiniões sobre isso mudaram drasticamente. Ao nos depararmos com um pânico global, o verdadeiro estado do mundo e sua queda se tornaram claros como cristal. Nada parecido tinha acontecido antes (colocar o mundo todo em quarentena), ao menos na história moderna, e não tenho certeza se enfrentaremos algo do tipo outra vez. Ainda é cedo para dizer se o resultado de tais mudanças será positivo ou negativo, mas, sem sombra de dúvidas, sabemos que o mundo nunca mais será o mesmo.

Ao longo do curso da humanidade, as pessoas têm assumido o papel de guardiãs da terra e de suas dádivas. Nossos ancestrais não enxergavam essa função de maneira ingênua e sabiam que suas vidas e as vidas daqueles que viveram antes deles sempre foram difíceis e penosas. Viver da terra em um ambiente rural pode ser algo fisicamente extenuante, frio e sombrio. Esse tipo de vida era constantemente ameaçado pela pobreza, pela fome e pela doença. Mas quando pensamos nisso que consideramos "tempos mais simples", só enxergamos as coisas por meio do privilégio da sobrevivência. Eram tempos árduos. A Mãe Natureza sempre foi uma senhora dura e inconsistente.

Embora hoje tenhamos tudo de que precisamos para sobreviver, nossos ancestrais não tinham tanta sorte — precisavam enfrentar longos invernos, pragas, geada, secas e a escassez de comida. E quanto às dificuldades das pessoas e bruxas modernas? A maioria de nós vive em uma sociedade materialista mergulhada em asfalto e nos prazeres efêmeros das áreas urbanas e suburbanas. Estamos fora de equilíbrio — não só com nós mesmos, mas também com a própria Terra, com os ciclos da natureza, com as estações do ano. Esse fato se tornou ainda mais aparente com o surgimento de uma pandemia moderna. Quando nos vemos diante de uma crise, a maioria de nós não sabe como deve se comportar, pois somos incapazes de encontrar água e comida fora de um supermercado.

Em algumas das minhas fases de maior isolamento, refleti muito sobre como os humanos, eu incluída, perderam o contato com os ciclos do nascimento, da vida e da morte, em detrimento do conforto temporário. Aos 19 anos, escutei uma conversa e ouvi uma das coisas mais profundas da minha vida, algo que mudou a forma como me relaciono com o mundo e com minha própria existência. Eu estava grávida na época e minhas emoções estavam à flor da pele, talvez por isso esse fato tenha causado tanta impressão em mim. Eu tinha ido ao Publix, um supermercado de bairro, e estava na fila para pagar. O homem na minha frente mantinha uma conversa casual com o caixa. Logo percebi que ele não era local, devido ao seu sotaque. O caixa notou o mesmo que eu e perguntou ao homem o que o havia trazido até a nossa cidade. Ele respondeu: "Eu queria participar de uma aventura, mas sinto falta de casa. Às vezes me parece que troquei uma vida com significado por uma vida de conveniência".

Essa frase, tão verdadeira, dita tão francamente para um estranho, me tocou fundo. Após sair da loja, voltei para casa e a escrevi no meu diário para refletir sobre ela. Pensei nela quase todos os dias ao longo dos anos, o tom e o peso dessa ideia sempre me tirando da zona de conforto. Acho que a coisa mais impactante, para mim, foi o fato de esse estranho ter decidido ser tão franco e honesto em uma cultura que se foca em uma cortesia desconectada, composta apenas de "olá" e "obrigado". Graças a essa franqueza, meus olhos foram rápida e violentamente abertos e passei a enxergar o meu papel naquilo que ele havia descrito como "conveniência". Se eu estivesse sendo honesta comigo mesma, eu teria percebido que não estava conectada, ou sintonizada, ou sequer consciente da terra ao meu redor, porque eu sequer a enxergava.

O mais incrível é que mais e mais pessoas começaram a "acordar" devido à pandemia de Covid-19. Em um artigo recente da *Atlantic*, Marina Koren fala sobre como a quarentena e os pedidos de "fique em casa" afetaram o planeta. Ela os divide em quatro situações distintas. A primeira diz que há menos tremores na superfície da Terra, uma vez que há menos uso de transporte público e privado. Um segundo elemento é a queda dos níveis de poluição do ar, pois há menos pessoas viajando e mais indústrias fechadas. A terceira coisa é que a paisagem sonora das cidades está mudando. E, por fim, a poluição sonora do oceano diminuiu.

Acredito que o terceiro ponto, a mudança da paisagem sonora das cidades, é o ponto mais impactante de todos, pois evidencia o quanto os moradores de perímetros urbanos têm se desconectado do mundo natural. Koren escreve:

Os moradores da cidade grande podem estar escutando sons que são geralmente abafados pela presença dos drones. Rebecca Franks, uma estadunidense que vive em Wuhan, o epicentro da pandemia de coronavírus na China, fez a seguinte observação, depois de 48 dias do início da quarentena do mês passado: "Eu costumava pensar que não existiam muitos pássaros em Wuhan, porque era muito raro ver um deles e eu nunca tinha escutado nenhum. Agora sei que eles eram 'apagados' pelos sons do trânsito e das pessoas". Franks postou em sua página do Facebook: "Agora escuto pássaros cantando o dia todo. Quando ouço o som das asas batendo, paro tudo que estou fazendo e presto atenção, boquiaberta". Sylvia Poggioli, uma correspondente da Itália, reportou que as ruas de Roma estão vazias. "É possível escutar os sons das dobradiças enferrujadas das portas" e "o cantar dos pássaros, um sinal do início da primavera, chega a ser quase alto demais de se ouvir."

Eu amo essa última frase: "o cantar dos pássaros, um sinal do início da primavera, chega a ser quase alto demais de se ouvir". É um pensamento impactante quando em contraste com a realidade — a de que a maioria das pessoas perdeu o contato com o mundo natural. Em uma cidade que costuma existir sob sons ensurdecedores, os barulhos da natureza podem parecer "altos demais". Acho que isso coloca sob perspectiva como, ainda que nos tornemos cada vez mais conectados por causa da tecnologia, podemos nunca estar ligados às coisas que verdadeiramente importam. Como grupo, perdemos de vista o que significa ser um guardião da terra e por que essa função é tão importante.

O que é ser um guardião da terra?

Para simplificar, um guardião é alguém que cuida do bem-estar e das vidas que foram incumbidas a ele. Nosso planeta não é tão diferente de um animal, por isso somos responsáveis por cuidar dele e por manter a sua saúde e bem-estar. Como bruxas, precisamos ser guardiãs e protetoras das terras onde residimos. Esses locais não são apenas terra ou solo, mas entidades vivas repletas de espíritos e energias que nos afetam de formas que nem sempre conseguimos compreender inteiramente.

Na América urbana, há uma cultura cuja norma nada mais é do que fazer o menor esforço possível, optar pelo fácil e rápido, adotar uma atitude individualista, e acumular funções ao ponto de chegar à exaustão. O consumismo substituiu a ação intencional. Quantas pessoas hoje utilizam utensílios de cozinha descartáveis só para não precisar lavar a louça? Quantas utilizam cápsulas de café descartáveis em vez de filtros de pano? Quantos acres de floresta, campinas e pântanos foram perdidos para que fossem construídos prédios ou estacionamentos? Isso me faz pensar nas palavras de Joni Mitchell e, depois, dos Counting Crows — ambos cantavam sobre o paraíso e os estacionamentos.

A humanidade perdeu o senso de espírito da terra, especialmente em sociedades capitalistas onde é mais conveniente e confortável estar conectado tecnologicamente do que fazer qualquer outra coisa. Embora eu não seja cristã, cresci em uma área na qual as escolas públicas são mal administradas e os pais optam por mandar seus filhos para o ensino privado assim que possível. Ser pagã em uma escola cristã foi um desafio por si só, mas, mesmo assim, algumas das lições mais memoráveis que aprendi sobre o conceito de terra e propriedade estão no Velho Testamento:

A terra não poderá ser vendida definitivamente, porque ela é minha [de Deus], e vocês são apenas estrangeiros e peregrinos. [Levítico 25:23]

Nós agimos como se fossemos donos do mundo, quando, na realidade, somos apenas hóspedes aqui, estamos só de passagem. Ninguém é dono de terra alguma, ainda assim, aceitamos as divisões e a monetização de pouquíssimas pessoas que "controlam" esses espaços e pagam quantias extraordinárias de dinheiro por algo que o planeta nos deu gratuitamente. Nosso trabalho é o de sermos protetores deste planeta, nosso único planeta, e cuidarmos muito bem dele.

O consumismo representa a antítese do que é o guardião da terra. Não é sustentável ou consciente; não faz bom uso das pessoas, das ferramentas ou dos materiais utilizados. Um exemplo disso é a moda e a agricultura industrial. Para nos conectarmos verdadeiramente à terra, precisamos ter conhecimento dos fatores sociais que causam impacto na saúde e na energia dos espíritos ao nosso redor. Isso sem mencionar que comprar de meios modernos de produção é algo potencialmente maléfico para a natureza, pois, se existem opções sustentáveis que causam menos impacto negativo no planeta, é nosso dever como protetores dessa terra escolher tais alternativas. Algumas formas de adotar um estilo de vida mais natural e leve consistem em comprar alimentos diretamente do agricultor em vez de frequentar uma rede de supermercados e comprar roupas em brechós em vez de optar pelas marcas de fast fashion.

A sustentabilidade é, definitivamente, palavra-chave no marketing dos dias de hoje, por isso algumas marcas se comportam de maneira enganosa acerca do que é sustentável ou não. Sempre que estiver em dúvida, faça as coisas de maneira intencional, como reduzir o consumo em geral, reutilizando coisas que já possui em vez de comprar novos produtos, reciclando itens de que não precisa mais e comprando produtos verdes e sustentáveis de empresas confiáveis. É isso que fazem as pessoas que guardam a terra. Pensar sobre o nível de poluição do ar pode acabar sendo exaustivo, mas, lembre-se, o que verdadeiramente importa é que o seu cuidado seja uma escolha intencional.

Se é que isso ainda não aconteceu, um dia, o seu ponto de vista sobre a forma como os humanos tratam o planeta será alterado de maneira irrevogável. Pode ser por algo visto em um filme, algum desastre natural produzido pelo homem ou ao perceber lixo flutuando no mar da sua praia favorita. Independentemente do que vier a lhe dar esse estalo, utilize todo o sentimento que surgirá para abastecer o ritual a seguir. Ele foi criado com o propósito de virar o jogo, de transformar nossa conveniência em significado, fazer com que deixemos de ser usuários e nos tornemos protetores.

Transformando-se em guardião

Antes de começar, é muito importante parar e refletir sobre si mesma e tudo que você pode fazer para melhorar. Sente-se com um pedaço em branco de papel e faça uma linha no meio a fim de criar duas colunas. Na coluna do lado esquerdo, anote as coisas nas quais precisa trabalhar para se tornar mais sustentável e agir intencionalmente. Na coluna do lado direito, anote que medidas pode tomar para torná-las possíveis.

Eis aqui alguns exemplos:

Comportamentos que eu gostaria de mudar	Como fazer essa mudança
Uso de garrafas de água e outros produtos plásticos descartáveis;	Utilizando garrafas de metal ou vidro e outros produtos reutilizáveis;
Consumo de alimentos fora de estação que precisem ser enviados de milhares de quilômetros de distância;	Comprando alimentos de agricultores e fazendeiros locais;
Consumismo exacerbado.	Comprando a granel e reciclando sempre que possível.

Assim que tiver terminado sua lista, dobre o papel três vezes. Em seguida, para cada um dos itens listados, escolha uma semente ou uma muda que sobreviva ao ar livre com ajuda mínima ou nenhuma ajuda (plantas nativas). Após selecionar todas as suas sementes, escolha um lugar na sua propriedade com o qual você sinta algum tipo de conexão ou que tenha sido negligenciado de alguma forma. Sente-se no chão e arranje todos os objetos na sua frente: sua lista, as sementes e, talvez, uma espátula de jardinagem.

Apoie as mãos diretamente no solo e feche os olhos, sentindo a energia da terra se unindo à energia do seu corpo por meio de suas mãos. Visualize uma luz dourada saindo do seu corpo em direção à terra e uma luz prateada vindo da terra em direção ao seu corpo, de cada ponto de contato. Enquanto a luz prateada adentra seu corpo, sinta a mudança e a carga do solo respirando no seu espírito.

Quando estiver pronta, abra os olhos e pegue sua lista. Com suas próprias palavras, peça aos espíritos da terra para ouvirem e estarem ali presentes com você. Sele seu compromisso com a terra, lendo em voz alta sobre todos os momentos em que fracassou e todos os momentos nos quais você operará uma mudança. Dessa forma, você estará se unindo ao planeta em uma jornada de amor e aceitação, proteção e cura.

Após ter lido toda a sua lista, você deve plantar as sementes. Elas serão a representação física do contrato que você está fazendo com a terra. Plante-as com carinho e cuide delas todos os dias. Você será, a partir de então, a pessoa responsável por proteger essas vidas, portanto, cuide delas com o máximo da sua capacidade.

Esse ritual pode ser repetido, modificado e reafirmado diversas vezes ao ano. Geralmente faço todos os meus plantios sazonais junto a esse ritual e minhas colheitas dentro de outro. Lembre-se que a terra cuidará de nós se cuidarmos dela, e ao tratarmos dessas plantas, seremos capazes de ver e sentir nossos corpos físicos se relacionando com a Mãe Terra.

Purificação com fumaça

A purificação com fumaça é a prática de queimar ervas, incenso, madeira, cera e outros itens com o propósito de realizar limpeza em um espaço ou prepará-lo para o trabalho mágico. Acredita-se que a fumaça purifique, invoque e manifeste, e é uma prática muito utilizada na maioria das culturas e das religiões ao redor do mundo. Os materiais escolhidos para esse método variam de acordo com a cultura, o clima e a acessibilidade.

Na comunidade esotérica, por exemplo, o termo "defumação" se tornou bastante popular nos últimos anos. "Defumação", "sálvia branca" e "como fazer uma defumação" se tornaram palavras de busca muito populares nos últimos dez anos, demonstrando um aumento de pesquisa na internet desde 2010 (segundo o trends.google.com). Contudo, embora *defumação* apareça como um sinônimo de *purificação com fumaça*, elas não são a mesma coisa.

A palavra "defumação" em inglês, *smudge*, é derivada de uma palavra do século XV, *smogen*, que significa "solo", "mancha" ou "escurecido". No contexto moderno, contudo, essa palavra se transformou e passou a se referir à prática dos povos indígenas norte-americanos de purificação com fumaça. Este termo em inglês para defumação diz respeito, especificamente, à prática espiritual dos povos indígenas norte-americanos que utiliza *Salvia apiana*, *Salvia officinalis*, tabaco, erva-doce, milefólio e junípero para limpeza, purificação e rituais de cura. Esses rituais eram (e ainda são) conduzidos por um xamã ou curandeiro treinado que faz uso dessas ervas utilizando métodos tradicionais.

Todas as culturas ao longo da história usaram a fumaça como forma de cura e limpeza. As igrejas usam o incenso, os escoceses têm uma prática chamada *saining*, e, na Índia, os incensos são aparato indispensável na espiritualidade e na religião do povo por muito tempo. Todos nós podemos utilizar a fumaça como forma de limpeza e cura. Contudo, acredito que os melhores suprimentos que podemos usar quando optamos por essa técnica são aqueles que cultivamos e colhemos nós mesmos. Sugiro que plante sua própria sálvia, alecrim, capim-limão, cedro, eucalipto e, até mesmo, folhas de louro. Todas essas plantas podem ser cultivadas de maneira convencional e sustentável em casa (ou em um quintal) e são ótimas para rituais de purificação. Além disso, acrescentar algumas flores colhidas à mão e outros extratos vegetais adiciona um toque a mais de intenção à magia da terra.

Outras plantas que você pode incorporar nos seus rituais de purificação com fumaça são a artemísia, a lavanda, a hortelã, o pinho, o junípero, a erva-do-gato, o dente-de-leão, a samambaia, a urze ou a turfa. Note que cada uma das plantas tem propósitos e propriedades diferentes, por isso cabe à bruxa experimentar todas elas e decidir qual funciona melhor para a própria prática!

Eis aqui algumas das minhas plantas favoritas:

- Mirra — para a saúde mental e purificação dos ambientes.
- Capim-limão — para abrir caminhos e comunicação com os ancestrais.
- Junípero — para proteção e abundância.
- Hortelã — para a saúde dos pulmões e trazer clareza.
- Alecrim — para amenizar o sofrimento e cortar laços negativos.

Um ritual básico de purificação com fumaça

Após as atribulações do dia a dia, às vezes nos sentimos meio acabados. Assim, nesses momentos, podemos escolher fazer uma limpeza nos nossos espaços físicos, tomar um banho ou sair para uma caminhada. No entanto, percebi que, ao fazer uma purificação básica com fumaça, ocorrem mudanças maravilhosas no meu corpo físico e no meu estado de espírito. Esse ritual a seguir é muito básico e fará com que você se sinta nova em folha em pouquíssimo tempo!

Você precisará de:

1 pequena vela branca (velas palito ou lamparinas funcionam melhor)
1 feixe de ervas secas, ervas sortidas e carvão, ou incenso
Isqueiro ou uma caixa de fósforos

No seu banheiro, ou qualquer outra área que não seja acarpetada, comece por acender a sua vela branca. Sente-se no piso de pernas cruzadas ou em uma cadeira, caso não possa se sentar como deveria. Feche os olhos e mantenha o foco na sua respiração. Preste atenção no seu corpo, sinta onde pode haver alguma tensão ou emoções reprimidas.

Imagine uma luz morna viajando através do seu corpo — iniciando-se nos dedos dos pés e subindo pelas pernas, pelos braços e pela cabeça. Permita que essa luz se prolongue no seu corpo e relaxe áreas que estejam tensas.

Quando estiver pronta, acenda o incenso e levante-se. Comece pelos pés, circule o seu corpo com a fumaça em movimentos horários. Respire a fumaça e, ao exalá-la, deixe que viaje para fora, liberando tensões, energias e emoções negativas.

Ao terminar de circular a fumaça por todo o corpo, deixe os incensos e as ervas para queimarem até o fim junto da vela.

TEMPERANCE ALDEN
BRUXA INTUITIVA
DARKSIDE

OS FISCAIS DA BRUXARIA
Capítulo 5

> "É muito fácil romantizar uma questão quando não se tem consciência das diversas maneiras pelas quais você é privilegiada por ela."
> — Kate Bornstein —

Este capítulo toca em uma questão muito pessoal para mim e que acredito que também dialogue com bruxas que poderiam se enquadrar como sendo de classes econômicas mais baixas ou da classe trabalhadora. Enquanto criadora de conteúdo, tenho me deparado cada vez mais com o termo "bruxaria artificial" (*plastic witchcraft*) em fóruns públicos, mensagens privadas e e-mails que costumo receber após dar algumas dicas de bruxaria de baixo orçamento. Eu, e outras pessoas que conheço, costumo ser chamada de "bruxa artificial" ao mesmo tempo em que sou acusada de estar promovendo um tipo de "bruxaria fútil", algo danoso não só para "as verdadeiras bruxas" como também para o meio ambiente. O mais interessante é que as pessoas que costumam usar esse termo são justamente aquelas que, além de não fazerem parte da classe trabalhadora, também adotam uma postura que releva questões de privilégio.

Acredito que o termo *plastic witchcraft* tem duplo significado. Primeiro, ser *plástico* quer dizer ser "falso" e "superficial", como o grupo de garotas populares em Meninas Malvadas (2004), apelidadas de The Plastics. E, em segundo lugar, essa seria uma referência direta ao uso de produtos feitos de plástico. Parece inocente, mas o termo é muito condescendente e demonstra uma tremenda agressividade que se desvia do quesito espiritual. Ou seja, ao chamar alguém de "bruxa artificial" essa pessoa retira a empatia da equação e permite que bruxas mais privilegiadas ridicularizem e humilhem bruxas menos afortunadas.

Outro fator que compõe essa questão é que: há pessoas que gostam da estética adotada pela bruxaria. Não há nada de errado em abraçar coisas que lhe trazem prazer e alegria, mas isso cria divisões óbvias dentro da bruxaria. Há aqueles que não se importam nem um pouco com a estética e só realizam a prática, independentemente da opinião de terceiros. Há outros, como eu e muitas pessoas, que têm uma forte presença nas redes sociais, mas, na verdade, não aderem a nenhum tipo de estética. E, por fim, há a última categoria, a das bruxas que têm uma presença on-line e pessoal e utilizam uma estética cuidadosamente arquitetada, muito comumente encontradas no Youtube e no Instagram.

Fazer uso da estética bruxa não dá menos ou mais credibilidade à sua bruxaria. Eu não me considero uma bruxa falsa, mas eu entendo que algumas pessoas possam me ver assim porque — já que sou muito ativa on-line — posso parecer menos genuína. Quero apenas afirmar o seguinte: no fim das contas, você é a única pessoa capaz de mensurar se sua prática é verdadeira ou "artificial".

Uma coisa é fato: a sociedade ocidental capitalizou a estética da bruxaria. Após anos vivendo nas sombras, de repente viramos alvo do mercado, que se encontra muito disposto a investir dinheiro em nossas práticas espirituais. Você pode comprar itens de bruxaria praticamente a custo de nada em sites chineses na internet, nas lojinhas de um 1,99, ou até mesmo em redes de supermercados! Esse fácil acesso cria uma realidade desconectada, tornando impossível discernir o que é ligação espiritual do que é impulso de compra.

É a nossa energia investida em trabalho que cria o dinheiro que usamos para comprar, então, como estamos gastando essa energia, é importante que tenhamos conhecimento sobre quem e o que estamos ajudando quando investimos esse dinheiro. A Amazon, por exemplo, tem se tornado um item de primeira necessidade para muitas bruxas, por conta da facilidade em encontrar itens e poder ler as avaliações sobre eles. Contudo, esse processo rouba de nós a chance de aprender coisas de primeira mão com outras praticantes, dar apoio a lojas locais e ajudar a manter esses recursos disponíveis. Comprar em lugares menores é um passo que toda bruxa deveria fazer para entrar em contato com as próprias raízes e aprender a apoiar o que verdadeiramente importa.

Basta uma breve olhada no Instagram e no Tumblr para acessar toneladas de fotos muito agradáveis, esteticamente falando, ostentando características de esoterismo e bruxaria. Como as redes sociais têm se tornado uma forma de nos desconectarmos do mundo físico, somos impelidos para o mundo virtual da bruxaria estética e comercializável. Não é muito difícil compor um altar repleto de imagens, velas e cristais, ou encher estantes e estantes de livros, e, claro, você vai se sentir impelido a querer isso. Torna-se algo com o qual podemos nos comparar, uma coisa que nos dá a impressão de sermos pessoas "devotas".

Essa versão estética da bruxaria é como uma versão da bruxaria "bombada". Pessoalmente, nunca me senti inclinada a acumular toneladas de estátuas, cristais ou ervas. Sou uma colecionadora de livros, é verdade, mas eu também leio todos eles e acredito que sejam úteis para o meu crescimento pessoal. No entanto, gostar de algo e querer ter muito dessa coisa não faz de você mais bruxa, assim como não ter nada também não a torna menos bruxa. A bruxaria é, em essência, sua força e habilidade de manifestar seus desejos utilizando o que está à mão naquele momento.

E a verdade é que, no momento, estão nos vendendo muito mais produtos de esoterismo e bruxaria *fake* do que de bruxaria propriamente dita. Um grande amigo meu, o dr. Timothy Heron, afirmou, em uma de nossas conversas pessoais, que a bruxaria não é a mesma coisa que essa versão que nos é apresentada. Tendo a concordar com a opinião dele, mas não pretendo agir como juíza e "fiscalizar" a bruxaria de ninguém só por conta de um ou outro termo. Em vez disso, eu gostaria de mostrar a óbvia e clara divisão em questões de terminologia. Acredito que as palavras dele resumem a distinção entre essas duas vertentes sem cair no preconceito:

> As pessoas têm o hábito de confundir as crenças pagãs com as crenças esotéricas...
> A bruxaria é uma prática cujas raízes provém da sabedoria pagã...
> A prática esotérica, por outro lado, [inclui] as seguintes características: uma profunda atração por cristais, curas energéticas e a transcendência do corpo em detrimento à conexão terrena. O foco é muito mais espiritual do que centrado na terra.

Ou seja, a forma como as bruxas, especialmente as pagãs, tornam-se parte do mundo natural ao nosso redor é parte do que nos torna *diferentes*. As bruxas não são um grupo de consumidoras cujo foco é fazer compras; elas são parte de uma conexão ancestral às energias da terra independentemente de estética ou aprovação superficial.

A bruxaria é anticonsumista em essência

Outra questão que a internet parece ter com as tais "bruxas artificiais" é a acessibilidade. Gosto de colocá-la lado a lado com as questões de controle e privilégio, porque realmente mantém certa parte desprovida da população e da comunidade bruxa "do lado de fora", por assim dizer. Com livros do tema sendo tidos como manuais ou "livros de receitas", as iniciantes na prática podem sentir que eles precisam de toneladas de itens para serem "verdadeiras bruxas". Mas é preciso saber, antes de mais nada, que essa narrativa é errada e deixa muitas pessoas inseguras sobre como ou onde conseguirem seus instrumentos de trabalho.

Sinto que as iniciantes não estão sendo ensinadas de que têm tudo que precisam já em mãos, não precisando gastar sequer um centavo. Isso pode soar caótico — e é mesmo —, mas a bruxaria reside no coração da bruxa, não nas ferramentas e nos itens que ela possui. Uma bruxa experiente consegue fazer muito mais com um lápis, um papel e sua intenção que um imitador conseguiria com todos os objetos existentes em uma loja esotérica.

A forma como me expressei pode parecer cheia de superioridade, mas há uma diferença entre alguém que afirma saber algo sem se esforçar o suficiente e alguém que dedica a vida ao caminho espiritual por meio de trabalho duro e muita devoção. Qualquer pessoa que decida se juntar à arte da bruxaria e deseje se tornar uma bruxa é capaz de sê-lo! Não há pré-requisito, como ser uma bruxa hereditária (descender de uma longa linhagem de bruxas) ou vir de um histórico ou raça específica. Entretanto, o que se faz com o desejo de explorar e aprender é o que determina que tipo de bruxa essa pessoa se tornará.

Uma bruxa que não estuda não terá base alguma para produzir a energia necessária para manifestar seus desejos e suas vontades. Aqueles que estão começando agora podem ter tanto conhecimento quanto uma bruxa experiente, e isso não só é ótimo como também é encorajado e se espera que seja assim. Claro que ninguém se torna um especialista da noite para o dia — e na feitiçaria não é diferente. Há uma distinção clara entre se autodenominar uma bruxa e ser uma bruxa de verdade. A bruxaria é encontrada na alma, estava presente, inclusive, quando você ainda se e encontrava na sua forma espiritual, existe agora e perdurará uma vez que esta vida tenha chegado ao fim.

Bruxaria acessível

A "bruxaria artificial" é muito confundida com a bruxaria acessível pelos mais pretensiosos, e notei a intersecção dessas duas questões quando estive auxiliando iniciantes na prática da bruxaria acessível. Ela não é a mesma coisa que a bruxaria "plástica"; econômico não é o mesmo que falso. Só porque você está sem grana e utilizando itens baratos, isso não quer dizer que você se importa menos com o planeta, seus recursos ou os espíritos com os quais está trabalhando. É possível viver dentro de seus meios e ainda assim ser capaz de praticar uma bruxaria engenhosa.

As bruxas não precisam de nada físico para começarem a prática da feitiçaria. Claro que, em uma sociedade capitalista fortemente influenciada por modismos, pode parecer que, para ser uma bruxa, é imprescindível ostentar todo tipo de acessórios. Mas se tem algo que posso jurar é que nós, bruxas, não precisamos de *nada*. Ferramentas como velas, jarros, sinos e incensos são utilizadas para ajudar no foco e no acúmulo de energia, mas não são essenciais. Quando um novo praticante está começando sua jornada, esses recursos auxiliam o iniciante a ajustar o foco intencional e a manifestar a própria vontade.

No começo, tentar descobrir se está fazendo o "certo" é algo extremamente opressivo. Você pode sentir a necessidade de obter um Livro das Sombras, um altar e algumas outras coisas. É óbvio que não desencorajo a aquisição desses objetos, contudo, você só precisa de duas coisas para começar: um espaço reservado para o foco das suas energias e um caderno para anotar coisas que você não deve esquecer. A Terra é um altar para todos os seus filhos, livre de cobranças e abundante em espaço. Sair para uma caminhada ao ar livre vai satisfazer sua alma tanto quanto compor e purificar um altar dedicado a algum deus ou ancestral.

Ainda assim, alguns dos recursos básicos "realmente" necessários são os mais fáceis de se encontrar. Eu digo "realmente" necessários porque há ferramentas que nos auxiliam a progredir na nossa evolução; contudo, o que é necessário para mim pode não o ser para outra bruxa. Nessa lista de itens essenciais, eu colocaria o Livro das Sombras, também conhecido como grimório. Esses dois termos são apenas uma forma sofisticada de nomear o que conhecemos como "livro de feitiços". O Livro das Sombras é um caderno pessoal de feitiços, onde se registram notas e rituais de maneira muito parecida com um diário, embora possa ser um pouco mais formal. Esse é um termo wiccano, e não são todas as bruxas que aderem ao uso do livro. De maneira similar, o grimório é um livro de feitiços formal onde são anotadas informações úteis e, depois, repassadas por toda a linhagem familiar da bruxa ou então compartilhadas com o coven ou o grupo de bruxas. Nem toda bruxa tem um grimório.

Pessoalmente, prefiro manter um diário físico e tomar notas de forma digital. Utilizo o aplicativo de notas do meu celular que faz um backup automático no meu endereço de e-mail, a fim de guardar todas os registros mágicos do meu Livro das Sombras/grimório. Tento organizá-lo de modo que seja um recurso acessível para conseguir referências rapidamente ao longo do dia. No meu tempo livre, uso um diário de papel para copiar citações de livros e meus pensamentos. Dessa forma, criei uma prática que é sustentável e útil para mim. Não costumo anotar coisas nesses livros que sejam facilmente encontradas on-line, como os ciclos da lua ou correspondências de cores. Posso pegar qualquer livro da minha estante e encontrar a resposta em cinco segundos. Em vez disso, escrevo sobre meus pensamentos e meus sentimentos ao longo das leituras que faço e como interpreto a energia de coisas específicas, como as fases da lua. Um diário de bruxaria/Livro das Sombras/grimório pode ser o que você quiser que ele seja!

Na feitiçaria, como em tudo na vida, procure viver dentro de seus meios financeiros. Mesmo que lhe pareçam convencionais demais. Comprou algo de plástico? Reutilize-o ou tente reciclá-lo. Acabou aderindo ao ciclo do fast fashion? Tente reformar suas roupas em vez de se livrar delas. Não se esqueça que, por vezes, o modelo fast fashion é o único que tem moda disponível para certos tamanhos. Cuidar de si mesmo financeiramente caminha lado a lado com os cuidados da sua saúde mental e espiritual. Não permita que a opinião de ninguém sobre como uma bruxa deve ser faça você se sentir inferior por ter escolhido viver dentro do que é possível. Você não tem que agradar ninguém além de si mesma.

Como um altar funciona

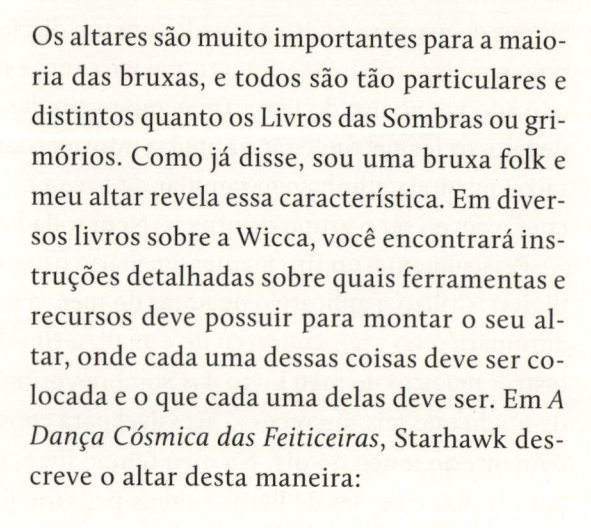

Os altares são muito importantes para a maioria das bruxas, e todos são tão particulares e distintos quanto os Livros das Sombras ou grimórios. Como já disse, sou uma bruxa folk e meu altar revela essa característica. Em diversos livros sobre a Wicca, você encontrará instruções detalhadas sobre quais ferramentas e recursos deve possuir para montar o seu altar, onde cada uma dessas coisas deve ser colocada e o que cada uma delas deve ser. Em *A Dança Cósmica das Feiticeiras*, Starhawk descreve o altar desta maneira:

> *As ferramentas [de um coven] são geralmente mantidas sobre o altar, que pode ser qualquer coisa desde um baú antigo esculpido à mão até uma caixa comum coberta com um tecido. Quando é utilizado para a meditação e a prática mágica, o altar se torna carregado de energia, transforma-se em um vórtex de poder. Geralmente, o altar da bruxa fica voltado para o Norte, e as ferramentas seguem a ordem dos outros pontos cardeais. Imagens da Deusa e do Deus — estátuas, conchas, sementes, flores, entre outros — assumem uma posição central.*

Por ser uma bruxa folk, não é assim que vejo os altares. Na bruxaria folk, fazemos um altar para onde somos guiados com os materiais que nos são indicados. Importante dizer, claro, que não há nada de errado em criar um altar mais ritualístico. Isso funciona para algumas bruxas e as permite focar suas energias de forma mais concentrada, algo que seria impossível no caos que costuma ser o altar natural folk. Contudo, este é um dos métodos mais longevos e acessíveis de se compor um altar, na minha opinião. Uma outra opção é utilizar tanto o altar folk quanto o ritualístico, pois esse método permite que as peças móveis do altar sigam o fluxo e refluxo da mudança das estações.

Então como podemos fazer esse tipo de altar? Que bom que você perguntou! Primeiro, tente se livrar da ideia preconcebida de como um altar deve ser e que coisas devem estar nele. Pense no seu espaço e no seu propósito. Você deseja fazer esse altar para celebrar uma estação específica? Você está criando-o para uma deidade? Você gostaria de trabalhar com todos esses tópicos e mais? Uma vez que tenha identificado o porquê de montar o próprio altar, a verdadeira diversão começa.

Vamos identificar alguns tipos comuns de altar e como você poderia fazê-los — altares de viagem para bruxas mais reservadas e nômades, altares sazonais, ou então, um altar comum de trabalho. Embora existam diversos tipos de altares, ao aprender a fazer esses três será muito mais fácil criar um novo tipo que atenda àquilo que se encaixa nas suas necessidades.

Há algumas perguntas que você precisa se fazer antes de começar a montar qualquer tipo de altar:

O que é importante para mim?
Quais itens posso incorporar para simbolizar o que desejo?
Preciso de um espaço grande ou pequeno?
Quero utilizá-lo em pé ou sentada?
Quais dos itens escolhidos terão que ser trocados periodicamente?

Esses são só alguns exemplos, mas suas perguntas dizem respeito a você e somente a você, e podem mudar com a passagem do tempo e conforme suas necessidades e interesses evoluem.

Altares de viagem

Altares de viagem costumam ser versões em miniatura de um altar de trabalho comum. Eles permitem que a bruxa se reconecte à sua prática espiritual independentemente de onde ela esteja. É comum encontrar os seguintes itens em um altar de viagem: pequenos lápis, um ou dois pedaços de papel, fósforos ou um pequeno isqueiro, uma vela de aniversário, um pequeno cristal (geralmente um quartzo), saquinhos de ervas, e algum tipo de pingente. Esses altares costumam ser guardados dentro de uma latinha de balas de menta vazia, mas já vi pessoas que os mantinham dentro de recipientes maiores, como caixas de sapatos, principalmente quando pertencem a uma bruxa nômade.

Gosto de colocar meu altar de viagem em uma bolsinha de maquiagem que comprei em liquidação em uma loja de departamentos. Dentro dela há os seguintes itens: uma mini foto de Polaroid, um isqueiro, um incenso em cone, uma vela palito, pacotinhos de sal e a estátua de um anjo de quartzo. Embora esse não seja tecnicamente meu altar de viagem, também sempre carrego comigo um deck de cartas de tarô na mochila ou na carteira. Não há jeito certo ou jeito errado de fazer um altar portátil, e eles são superdivertidos de montar!

Altares sazonais

Há duas formas principais de se fazer um altar sazonal: em um ambiente interno ou em um ambiente externo. Acredito que criar um altar sazonal externo empreste um elemento extra de conexão com a energia da terra, mas também reconheço que isso não é algo viável ou acessível para todas as bruxas. No entanto, se for possível para você, maravilhoso! Se não for, um altar dentro de casa também funcionará perfeitamente. Altares sazonais podem ser feitos para celebrar as estações e podem ser modificados com cada fase da roda do ano.

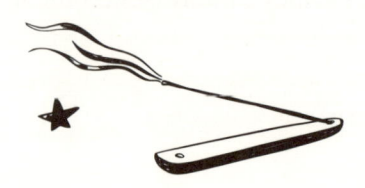

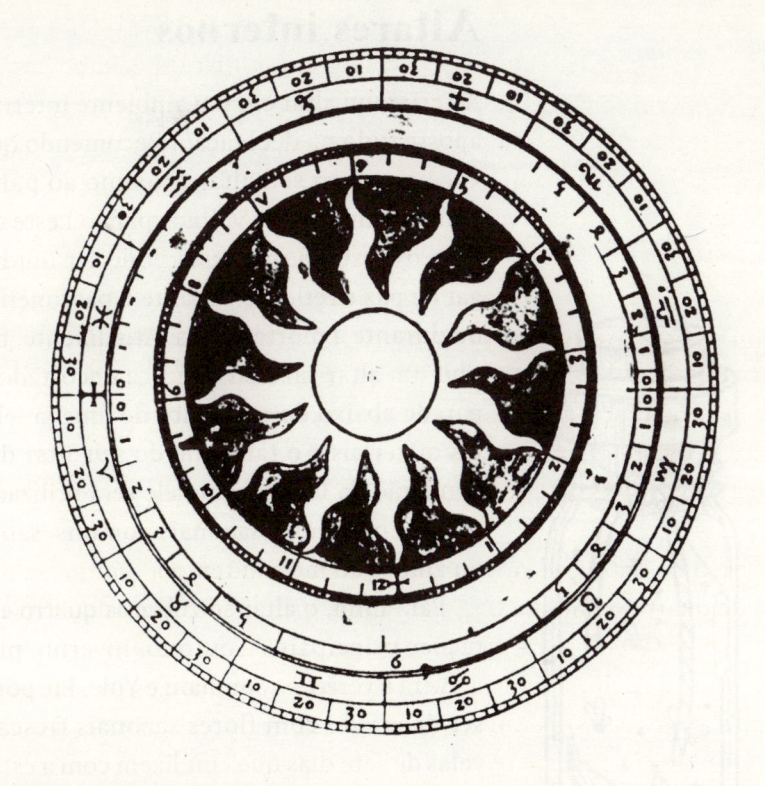

Altares externos

Ao criar seu altar sazonal externo, comece fechando os olhos e permitindo que a energia dos arredores flua através de você. Que parte deste ambiente parece a atrair para montar seu altar? Ao encontrar o lugar certo, olhe ao redor. Há pedras, pedaços de madeira ou locais esculpidos pela natureza que já parecem altares naturais? Caso esteja preparando um altar temporário, que precisará ser recolhido na hora de partir, você pode utilizar itens que tenha trazido consigo, como uma mesa, tecidos, estátuas, velas etc. Contudo, se estiver compondo um altar permanente — que dure por toda a estação e para o qual possa retornar sempre que deseje —, é melhor usar o material que a natureza lhe forneceu a fim de evitar danos ao espaço escolhido.

Altares internos

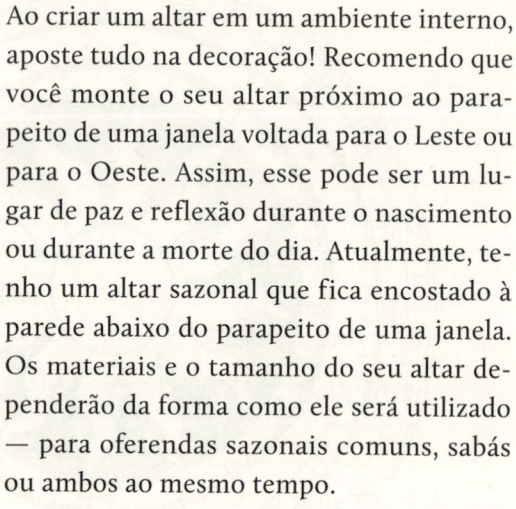

Ao criar um altar em um ambiente interno, aposte tudo na decoração! Recomendo que você monte o seu altar próximo ao parapeito de uma janela voltada para o Leste ou para o Oeste. Assim, esse pode ser um lugar de paz e reflexão durante o nascimento ou durante a morte do dia. Atualmente, tenho um altar sazonal que fica encostado à parede abaixo do parapeito de uma janela. Os materiais e o tamanho do seu altar dependerão da forma como ele será utilizado — para oferendas sazonais comuns, sabás ou ambos ao mesmo tempo.

Para mim, o altar só cobre as quatro estações principais — outono, inverno, primavera e verão —, Samhain e Yule. Ele pode ser decorado com flores sazonais frescas, velas de sete dias que condizem com a estação (preto ou laranja no outono, vermelho ou azul no inverno, rosa ou verde na primavera, e vermelho ou amarelo no verão), representações artísticas de deuses e deusas feitas por artistas pagãos, um pentáculo de parreira e livros sobre bruxaria. No caso do meu altar, não costumo utilizá-lo para fazer pedidos, então, a menos que eu esteja trabalhando em um feitiço, não deixo oferendas à disposição, uma vez que ele faz parte de uma área comum da minha casa e tenho animais de estimação.

Altares de trabalho

Os altares de trabalho são tipicamente bastante antiestéticos e costumam estar escondidos em uma área privada da casa. Eles são o que a maioria das pessoas assume ser um altar de bruxa, baseado na ficção. Esse tipo de altar costuma ser construído em uma prateleira, escrivaninha ou mesa e pode incluir diversos itens, como livros, diários, cálices, atames, cristais, velas, estátuas, fotos, dinheiro, bijuterias, oferendas e itens decorativos. Esse é o lugar escolhido no qual a bruxa irá para se conectar com seus ancestrais, guias, poderes superiores e com ela mesma. O trabalho feito nesses altares pode ser introspectivo (de sombra), produtivo (manifestações), ou de banimento.

Esses altares requerem mais manutenção do que os outros tipos que já abordamos no texto. Eles precisam ser purificados regularmente a fim de mostrar respeito a nós mesmas e aos espíritos com os quais trabalhamos. Além disso, oferendas perecíveis precisam ser substituídas após terem expirado, e os feitiços precisam ser encerrados.

Em adendo, uma das perguntas mais comuns feitas por bruxas iniciantes é o que fazer com as coisas que sobram após um feitiço. Há diferentes maneiras de se encerrar um feitiço uma vez que tenha terminado de fazê-lo no altar. Você pode enterrar os restos, deixar em uma encruzilhada ou jogá-los fora. Dependendo do tipo de feitiço, você pode considerar outras opções antes de jogá-lo no lixo, pois há uma boa chance de que não queira esses resíduos por um período mais longo na sua casa ou propriedade.

Em resumo, o altar é aquilo que você faz dele. Os cristãos se referem aos próprios corpos como se fossem um "templo", e esse pensamento não está nem um pouco errado. Não importa onde você esteja, a conexão espiritual está ali com você. Tudo que é preciso fazer é alcançá-la.

Manifestação/Abundância

Se você for uma bruxa com orçamento apertado, você é capaz de compreender uma boa manifestação de abundância sem que eu precise explicar. Ao longo dos anos, estive praticando e modificando minha dança ritual de abundância e descobri que esse esquema é bastante econômico, e bom para o bolso!, além de manter a integridade da magia.

Ao manifestarmos qualquer coisa, fazemos isso pois estamos tentando ganhar ou mudar algo. A manifestação de abundância não é diferente, exceto que exige de nós o reconhecimento das coisas com as quais já fomos abençoados antes de pedirmos por mais. Se você agir de maneira individualista demais — só eu, eu, eu —, seus rituais de abundância sempre falharão. Para chegarmos à abundância precisamos primeiro ver, apreciar, e sermos gratos pelas coisas com as quais fomos presenteados antes — só então receberemos mais. Dessa forma, receber a abundância é algo muito parecido com um ato de agradecimento. Ou seja, nos abençoamos com mais bênçãos e permitimos que o universo nos conceda bênçãos adicionais.

Um simples ritual de abundância

Os rituais simplificados são alguns dos mais poderosos e abundantes que existem. São um lembrete para bruxas de todos os níveis de que precisamos de apenas um pouco além do poder de nossas mentes para mudarmos nossa própria realidade.

Você precisará de:

Sua imaginação
1 caneta e um papel
1 vela (opcional)
Seu altar!

Antes de começar qualquer ritual, gosto de tirar alguns minutos para entrar em foco e aquietar a mente. A meditação abre nossas mentes para aceitarmos nosso espírito e fundirmos nosso consciente com o nosso subconsciente. Tire cerca de dez minutos para se concentrar e entrar em equilíbrio. Isso vai garantir que você tenha toda a atenção necessária para criar aquilo que está tentando manifestar e permitir que sua mente e espírito se afastem de questões digitais ou físicas que possam estar conectadas a qualquer outra coisa que não a intenção daquilo que pretende realizar.

Após acalmar a mente e invocar seu espírito e suas energias, é hora de se concentrar nesse poder. A forma mais fácil de fazer isso é acendendo uma vela.

Sob a luz da vela, com uma energia renovada e focada, visualize toda a abundância presente em sua vida. Você pode pensar na sua despensa cheia, em uma sala repleta de amigos e familiares, um diploma de universidade, uma biblioteca à disposição cheia de recursos. Anote cada uma de suas abundâncias no papel. Assim que tiver completado a lista, leia cada uma das bênçãos em voz alta. Agradeça ao universo por elas e queime a lista na chama da vela.

Agora, você manifestará suas abundâncias futuras. Nessa parte é importante que você mantenha o foco. Não permita que dúvidas ou medos ganhem tração ao visualizar o seu futuro. O medo não tem lugar aqui.

Feche os olhos e visualize quais abundâncias deseja alcançar na sua vida. Riquezas? Saúde? Família? Carreira? O que quer que seja, visualize-se recebendo essas bênçãos. O que você está fazendo? Como você se sente? Como chegou lá? Quanto mais vívida for a sua manifestação, mais poderosa ela será.

Uma vez que tenha terminado de visualizar todas as abundâncias futuras, escreva-as em um pedaço de papel, começando com a frase "Eu sou/eu estou". Por exemplo:

"Eu estou cercada de muitos amigos que me apoiam".

"Eu sou financeiramente autossuficiente e levo uma vida confortável."

Em seguida, dobre o papel três vezes e queime-o nas chamas. Enquanto ele queima, feche os olhos e continue visualizando sua manifestação.

Se você não estiver utilizando nenhuma ferramenta, imagine a vela com os olhos da mente e faça uma lista mental das suas bênçãos. Permita que as imagens delas se aproximem e se apaguem na chama imaginária quando for a hora.

TEMPERANCE ALDEN

BRUXA INTUITIVA
DARKSIDE

O JARDIM ESPIRITUAL
Capítulo 6

"Seu jardim, independentemente de que forma exista,
é o símbolo visível de seu compromisso em abrir
espaço para o espiritual na vida cotidiana."
— Peg Streep, *Spiritual Gardening* —

Sempre pensei no jardim como a metáfora perfeita para a vida. Cada parte de um jardim, e seus múltiplos estágios, é capaz de refletir nos sas vidas físicas, emocionais, intelectuais e espirituais. No nível físico, os jardins costumam surgir de uma semente (ou bulbo) que germina e cresce. Com a passagem do tempo, essa semente se torna uma planta, essa planta se desenvolve e se reproduz, e acaba morrendo ou entrando em um estado reduzido para enfrentar o inverno. Contudo, mais que no âmbito físico, sinto que os jardins reverberam com os humanos muito mais quando os visitamos de um ponto de vista emocional e intelectual.

Emocionalmente, intelectualmente e espiritualmente, nós evoluímos a partir de uma semente. Estamos em uma busca por crescimento e prosperidade e queremos alcançar o Sol. Perseguimos aquilo que nos sustenta e, por vezes, encontramos alguns obstáculos pelo caminho.

Se formos negligentes, nossos jardins podem ser invadidos por ervas daninhas. Elas podem ser tidas como hábitos negativos, estar rodeado por pessoas tóxicas, autodepreciação ou dúvidas. As ervas daninhas, se não forem contidas, podem tomar para si um jardim que antes era belo e resistente.

E a negatividade, assim como essas ervas daninhas, também não é fácil de ser domada. Há um dito espiritual muito verdadeiro e predominante que circula na comunidade bruxa: "Não deve haver espaço para a negatividade. Nós precisamos ser amor e luz 24 horas por dia, sete dias por semana". Entretanto, sabemos que isso não é nem possível e nem saudável. Uma mente saudável se calca no que é real e processa os próprios pensamentos e sentimentos sem permitir que a culpa do "devemos ser sempre amor e luz" a atinja. Capinar o jardim da nossa alma leva tempo e é difícil, mas vale o esforço.

Cultivando a própria alma

Para as bruxas, a jardinagem não é apenas uma experiência física, mas também uma interação de almas. É quando nos damos inteiramente para a terra e a terra se entrega de volta, por meio de suas dádivas e sua energia. Dessa maneira, a relação entre o jardineiro e seu jardim tem grande sintonia espiritual. Por isso, incluir o jardim na nossa lista de práticas espirituais diárias o remove do âmbito das tarefas domésticas e o coloca no reino da iluminação.

Antes de começar a plantar e fazer planejamentos, você precisará dar uma boa olhada e refletir sobre quais são suas metas para o seu jardim. Ambientes bem-cuidados se tornam espaços sagrados, lugares de onde é possível se proteger dos barulhos mundanos e da pressão da tecnologia do dia a dia. Quando você pensa sobre o seu jardim, que imagens vêm à sua mente? Você vê toneladas de flores vibrantes? Frutas e legumes? Ou todo tipo de ervas e vegetais?

Se você não leva jeito para lidar com plantas ou não tem um espaço ideal para praticar a jardinagem, não se preocupe. Há situações em que, por inúmeros motivos, não é possível ter um jardim tradicional, ou então se vive em um apartamento e se tem acesso apenas a uma varanda. Tenho praticado a jardinagem por mais de dez anos e descobri algumas técnicas que funcionam para todos os tipos de práticas. O tamanho do espaço não importa — alguém que esteja dedicado ao cultivo pode fazer as coisas florescerem em qualquer situação, desde que seu foco seja esse.

Então, independentemente do tamanho, espaço ou clima, toda bruxa tem a capacidade de cultivar seu próprio santuário. Pode ser no parapeito da janela, no terraço, no quintal, ou até mesmo em acres de terra. De qualquer forma, você é capaz de tornar qualquer espaço seu. Ao planejar um jardim espiritual, é preciso se ater a alguns fatores importantes que ajudarão na criação e no florescimento do seu espaço de maneira consciente e sustentável.

Planejando

Ao elaborar um planejamento, utilize um caderno para tomar notas e ao qual possa voltar durante o processo e também no futuro. Para começar, pense nos lugares em que poderia começar o cultivo desse jardim. Vá até o espaço escolhido e veja como você se sente ali. Uma vez que estiver lá, observe em que posição está o sol em relação ao tempo e imagine onde colocaria suas plantas.

O Sol tem um grande papel no sucesso do jardim de uma bruxa. Luz demais ou de menos podem tanto acelerar quanto paralisar o crescimento de uma planta saudável. Leve em consideração o céu da manhã, do meio-dia e da tarde, além dos lugares onde a sombra bate para criar microclimas, a fim de que faça um bom planejamento. Pergunte-se: há plantas já existentes onde você deseja cultivar o seu jardim? Você deseja incorporá-las, removê-las ou realocá-las?

No entanto, o mais importante de tudo é descobrir com que elemento o seu espírito mais se conecta. Pense: com que elemento me sinto mais confiante e confortável? Isso é importante pois ajuda a determinar que tipo de jardim você deve fazer e como montá-lo de forma a invocar certos elementos. Por exemplo, sinto maior atração pelo elemento fogo, por isso planto muitas flores vermelhas, laranjas e amarelas para evocar calor e paixão.

Em seguida, decida que tipo de jardim você precisa para o crescimento da sua vida e do seu espírito. Há muitas opções, como um jardim de tranquilidade, caso sinta que tem sido muito estimulada; um jardim de cura, onde pode cultivar ervas focadas na saúde física e espiritual; ou, talvez, um jardim de meditação, onde você pode ir a qualquer momento do dia e relaxar. Outra opção é um jardim focado em deidades que a ajudem a se conectar com os espíritos da terra, seus ancestrais, guias e deuses. Além disso, há jardins específicos de aromaterapia, repletos de plantas diferentes criadas com o propósito de produzir incensos e óleos essenciais. Esse tipo de jardim é especialmente útil para mim, pois sinto uma forte conexão com essa prática e a utilizo para fins de saúde mental e espiritual.

É muito importante decidir o mais cedo possível se você vai plantar diretamente no solo ou dentro de recipientes. Cada método tem seus benefícios e suas complicações, mas, no fim do dia, um jardim bem-sucedido tem relação com a decisão de se trabalhar com aquilo que se tem *versus* trabalhar contra aquilo que se tem. Primeiramente, vamos falar um pouco sobre o cultivo em vasos, pois esta é a forma mais fácil e acessível para que nós, bruxas modernas, tenhamos nosso próprio jardim. É possível ter um excelente jardim de vasos sem precisar comprar recursos caros ou depender apenas do clima ou das condições do solo.

Jardinagem em vasos

Você pode transformar quase qualquer coisa em um vaso, mas, independentemente do que escolha, é imprescindível que ele tenha um escoamento apropriado. Recipientes de fundo fechado podem causar diversos problemas, como apodrecimento de raiz. Inclusive, a causa principal do apodrecimento da raiz de plantas cultivadas em ambientes internos tem a ver com excesso de irrigação e vasos sem furos.

Algo que gosto muito de fazer é de usar potes de iogurte velhos e caixas de ovos para plantar sementes, pois são recipientes pequenos e fáceis de replantar. Sempre tento conseguir caixas de ovos feitas de materiais biodegradáveis, assim não preciso me preocupar em retirar o brotinho do recipiente de forma prematura. É importante pensar no lugar onde você fará o replantio, porque se as mudas forem movidas de lugar cedo demais, elas podem entrar em choque e morrer.

Sempre que possível, gosto de deixar meus vasos e recipientes ao ar livre para que tenham exposição direta à luz solar, recebam ar fresco e água da chuva. No sul da Flórida sempre chove muito, o que é ótimo, mas também pode ser meio estressante para o cultivo de plantas. Além da umidade há muita água, o que pode levar o solo a ficar molhado demais. Outra razão pela qual a drenagem é o elemento-chave na saúde das plantas.

Outro benefício da jardinagem em vasos ou recipientes é que você não precisa trabalhar apenas com plantas da estação. Claro que recomendo que você faça a jardinagem intuitivamente, baseando-se na estação do ano, mas reconheço que nem sempre isso é possível. Cultivar as próprias plantas em um ambiente fechado permite que você continue exercendo a jardinagem mesmo durante as condições mais extremas, como durante a parte mais gelada do inverno ou a mais árida do verão.

As plantas mais utilizadas na bruxaria podem ser cultivadas exclusivamente em vasos, independentemente da estação do ano. Comece o plantio das ervas com sementes plantadas por você mesma, pois isso não só permite que sua energia e magia toquem as plantas desde o início, mas que transcendam os níveis, por meio do trabalho com feitiços, de formas que você nem imaginava que fossem possíveis.

Jardinagem ao ar livre

Ao planejar seu jardim externo, o fator mais importante é o clima específico. Regiões diferentes têm climas diferentes, então é muito importante se aprofundar em outras coisas além das quatro estações básicas do ano. As plantas, por exemplo, têm necessidades diferentes no que diz respeito ao sol, à água, à sombra, ao solo e aos nutrientes.

A forma mais fácil de aprender sobre o seu clima específico, e determinar que plantas sobreviverão ali, é observando a sua zona de rusticidade. Essas zonas foram desenvolvidas pelo Departamento de Agricultura dos Estados Unidos (USDA) e incluem treze zonas acompanhadas de uma escala de temperatura. Ao longo dos anos, outros esquemas de rusticidade foram desenvolvidos e adotados em outros lugares do mundo, embora a escala USDA seja a mais comum.

Outra coisa igualmente importante ao se planejar um jardim ao ar livre é considerar fatores ambientais, como o tipo do solo, a mistura do solo e seu escoamento, a umidade, seus nutrientes, sua luz, a temperatura e quanto tempo de exposição as plantas terão ao frio ou ao calor.

Quando for tirar um momento para planejar o seu santuário externo, pode ser uma boa ideia revisitar suas notas para analisar suas ideias, seus sentidos e suas preferências elementais. Então será a hora de decidir um método de ataque que seja não só efetivo, mas também eficiente. Você quer começar com as sementes ou com as mudas? Se começar com as sementes, você o fará em um ambiente interno, seguindo a zona de rusticidade, ou esperará o momento certo da estação para evitar a geada?

Pessoalmente, eu cultivo um pequeno jardim no terraço e outro na minha calçada. O número de plantas de que cuido é relativamente pequeno, então costumo comprar mudas que já estejam em crescimento. Tenho duas razões para isso: primeiro, elas são mais econômicas; segundo, uma muda costuma já ter raízes, o que é um começo saudável para o meu pequeno berçário.

Outra coisa que você deve fazer é dar uma olhada em todas as plantas que você gostaria de cultivar nessa estação. Sempre que comprar sementes, leia o verso do pacote para se informar sobre o sol, o solo e como funciona a irrigação. Se uma planta pede por sombra parcial, pode ser uma boa ideia deixar que tome banho de sol apenas durante a manhã, pois o sol da tarde pode ser agressivo para plantas mais sensíveis.

Após repassar os cuidados, é o momento de fazer a escolha de plantar na superfície, em um canteiro, em solo íngreme ou em outeiros. Se acabar se decidindo por métodos de superfície, você pode escolher uma fileira única, uma fileira dupla ou qualquer outro esquema que seu coração deseje. Compartilhando uma palavra de sabedoria, acho mais fácil manter e cuidar de duas fileiras de plantas mais curtas que de uma única fileira longa e contínua. O plantio em fileiras talvez seja o método mais fácil e mais rápido para um jardineiro iniciante e com pouca habilidade. Plante as sementes diretamente no solo após a última geada, então faça a poda, irrigue e observe o seu jardim crescer.

Intuição prática no jardim

Mais cedo neste livro, abordamos aplicações práticas de intuição, e o jardim pode ser um dos locais mais úteis para botá-las em ação. O cuidado com as plantas pode ser complicado e, vez ou outra, todos têm perguntas e dúvidas. Será que reguei demais? Será que reguei de menos? Será que minhas plantinhas estão subnutridas? Como posso impedir as pragas de devorarem minhas plantas? O uso prático da nossa intuição nesses casos não é apenas necessário — ele é indispensável. Não há momento mais relevante para o seu uso que esse.

Com o tempo, a prática e muitas tentativas e erros, você aprenderá o que funciona e o que não funciona. Na jardinagem espiritual, é muito importante utilizar as ferramentas que sua intuição está ativando. Não se preocupe com o que as outras pessoas têm a dizer — pessoalmente ou na internet —, siga seus guias para encontrar seu espaço e seu caminho individual. Quanto mais atenção você prestar a isso, mais cedo seu espaço se manifestará diante de seus olhos!

Criando correspondências

É muito comum se apoiar na literatura tão logo você comece a usar plantas e ervas magicamente. É possível fazer uma breve pesquisa e encontrar informações sobre inúmeras plantas ou ir até a biblioteca ou livrarias do seu bairro para encontrar livros sobre bruxaria verde. Contudo, o que esses livros não ensinam é como descobrir tais informações por você mesma.

Digamos que você tenha se deparado com uma planta, pesquisado sobre ela, e descoberto que não há quaisquer correspondências registradas sobre aquele vegetal. Você vai se perguntar: será que posso utilizá-la para fins mágicos? A resposta é um ressonante sim! Só porque você não consegue encontrar uma fonte "oficial" sobre os usos mágicos de uma planta específica, isso não quer que dizer que ela não possa servir a um propósito prático ou mágico. Lembre-se: a internet não pode ser o elemento mais importante da bruxaria e nem a palavra final de informação em nossa jornada.

Há algumas coisas que devem ser observadas quando começamos a decodificar uma planta (ou qualquer outro material que vá ser usado com propósitos mágicos). O básico dessa teoria é que a bruxa siga uma série de diretrizes gerais para chegar ao ponto de entendimento. A seguir, há uma lista que gosto de usar sempre que começo a trabalhar com um novo material ou uma nova planta.

Lista de correspondências

- Nome do material: _____
- Tamanho: _____
- Cor: _____
- Onde encontrá-lo: _____
- Perguntas:

    Que tipo de planta é esta (família, gênero)?
    Ela é venenosa? (Pesquise para ter certeza)
    É uma planta nativa?
    É comestível? (Pesquise para ter certeza)
    Dá flores?
    Parece estar saudável?
    Como é usada? (Usos possíveis incluem: fins medicinais, alimentação e purificação)
    Qual é o seu uso mágico?
    Como a utilizarei magicamente?
    Como me sinto quando estou trabalhando com ela?

Ao responder algumas perguntas básicas, você terá uma boa ideia do que é a planta ou o material antes de começar o trabalho com ele. Esse conhecimento permitirá que você utilize materiais que trarão benefícios e fortalecerão seus objetivos de forma bastante intuitiva. Trago como exemplo duas maneiras de utilizar essa técnica.

Flor-crânio-do-dragão

A flor-crânio-do-dragão é uma das flores mais singulares que existe. Ela não só floresce lindamente como, quando morre, seus restos se assemelham a pequenos crânios. Essa espécie se autossemeia, espalhando no solo as sementes dos crânios das flores de outrora. No meu jardim, elas nunca passaram um ano sequer sem brotarem.

Há algumas características importantes para se tomar nota antes de buscar a família dessa planta. Elas são belas e tenazes. Retratam tanto a vida quanto a morte com suas flores e conseguem equilibrar os dois lados da questão.

Olhando para a família da flor-crânio-do-dragão descobrimos que ela é da família da dedaleira. As dedaleiras são muito usadas na prática mágica, mas precisam de atenção extra pois são muito tóxicas. Elas estão intimamente ligadas à magia das fadas, mas também costumam ser usadas no trabalho com sombras e com a intuição. Devido à sua toxicidade, essa planta não pode ser ingerida e não é muito segura de se manusear (apesar de suas utilidades mágicas). Durante o Beltane, quando o muro entre nosso mundo e o mundo das fadas se torna mais rarefeito, a dedaleira é uma ótima opção de oferenda.

A flor-crânio-do-dragão, por outro lado, não é venenosa. Sendo assim, ela é muito mais fácil de trabalhar e pode ser usada de forma mais ampla. Elas podem ser utilizadas durante todo o ano para enfeitar altares e fazer oferendas, e podem simbolizar a vida ou a morte, dependendo de onde se está no planeta. Se as flores estiverem florescendo, elas são excelentes para oferendas e decoração. Se tiverem morrido, e você estiver com as cascas ressequidas parecidas com crânios, elas podem se tornar a oferenda perfeita para um altar dedicado ao Samhain.

Bucha

Por fim, temos a bucha. Essa escolha pode parecer meio aleatória e, honestamente, é um pouco aleatória sim. Contudo, lá vai minha história: certa vez encomendei uma tonelada de sementes de bucha por acidente e acabei ficando com um monte de plantas das quais eu não sabia cuidar. Não sabia como usá-las e não sabia se elas tinham algum propósito além de se parecerem com um monte de abobrinhas que não servem para comer.

O que aprendi com isso foi que toda planta tem uma razão de ser. As vinhas e as folhas da bucha são algumas das mais surpreendentes que já vi. Elas cresceram acompanhando a linha da minha cerca, circundaram meu jardim e fizeram com que ele parecesse o espaço de fadas mais encantador que eu já vi. Além disso, produziram belíssimas flores.

As buchas têm relação direta com plantas da família das curcubitáceas, como as abóboras, os melões, os pepinos e as melancias. Os pepinos são muito usados em trabalhos de cura e de fertilidade, enquanto as melancias são utilizadas para crescimento, fertilidade, luxúria e paz. O que separa as buchas dos outros tipos de abóboras, contudo, é que elas não são comestíveis. Sua função primária é a de se tornarem esponjas vegetais. Isso mostra que suas funções práticas e uso mágico muito provavelmente estão ligados ao lar. Portanto, se quiser promover prosperidade e fertilidade dentro do lar, leve algumas dessas plantas para secarem dentro da sua casa.

Mesmo que muitas correspondências tenham sido escritas, reescritas e questionadas, ainda há muitas plantas a serem descobertas só esperando para que você as note. Cada um de nós vive em um lugar único, cercado por uma flora única. Desafie-se, deixe as plantas comuns de lado e aventure-se!

★ ★ ★ ★

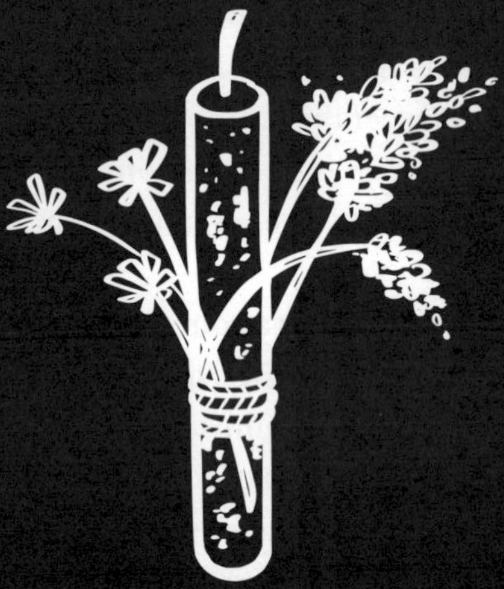

TEMPERANCE ALDEN
Bruxa Intuitiva
DARKSIDE

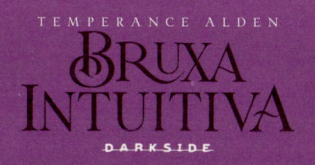

ELEMENTOS E ESPÍRITOS
Capítulo 7

"Nós abusamos da terra porque a vemos como uma mercadoria que nos pertence. Quando a enxergarmos como uma comunidade à qual pertencemos, talvez comecemos a tratá-la com amor e respeito."
— Aldo Leopold —

O filme *Princesa Mononoke* (1997), de Hayao Miyazaki, é uma das obras cinematográficas mais impactantes já criadas sobre o conceito de elementos locais e espíritos da terra. Essa fantasia épica aborda a luta em andamento entre a natureza e a influência humana. Se você ainda não assistiu a esse filme, tome nota — será a sua lição de casa. Recomendo essa obra fortemente a todos os meus alunos, a fim de que possam compreender melhor a teoria dos elementos locais e da empatia espiritual.

Os espíritos da terra não são de nenhuma cultura específica. Ao longo da história, cada uma das culturas tem sustentado um tipo de crença relacionada a esses espíritos e a outras criaturas que habitam a terra.

Os povos indígenas norte-americanos, os irlandeses, os nórdicos, as tribos germânicas, os indianos, os chineses e os japoneses, todos esses povos demonstravam grande estima pelos espíritos da terra.

A linha entre o que transforma uma entidade em um espírito da terra e outra entidade em um deus pode ser extremamente tênue. Espíritos da terra também podem ser confundidos com criaturas mitológicas, como fadas. Eles também podem ser deuses da terra e reinar sobre o lugar no qual residem, ou podem estar ligados a características específicas daquele local. Há espíritos da floresta, dos lagos e dos rios, das planícies, das pedras e das montanhas.

Conforme as terras se tornam mais desenvolvidas, os bairros e as cidades também ganham novos espíritos. Por exemplo, só porque uma casa foi construída sobre um terreno, isso não quer dizer que a casa não faça mais parte dele. As estruturas não só coexistem com os espíritos da terra, como também, ao longo do tempo, desenvolvem seus próprios espíritos.

Compreendendo os espíritos

Para entender os espíritos da terra, é preciso primeiro compreender a terra e o espaço que você habita. Pergunte-se: em que tipo de terreno sua propriedade foi construída? Que formas de natureza residem ali agora? Quantas árvores há em volta dali e qual é a saúde delas? Quando sai de lá, você sente os espíritos da natureza fluindo livremente ao seu redor ou eles lhe parecem estagnados ou preguiçosos?

Vivo em um lugar do sul da Flórida que já foi parte dos Everglades. A maior parte da região precisou ser drenada antes de ser construída, permitindo que se desenvolvesse até mesmo além do oeste. Os espíritos naturais da terra em que vivo são pantanosos, ainda estão se adaptando à cultura urbana. Além do mais, a Flórida está localizada no topo de uma plataforma de calcário. De acordo com um artigo publicado pelo Departamento de Ecologia e Conservação da Vida Selvagem, da Universidade da Flórida, durante a Era do Gelo, os níveis do mar eram muito mais baixos e deixavam a maior parte da costa da Flórida exposta. Com o tempo, esse território se transformou em uma savana — ou seja, uma planície tropical ou subtropical com predominância de plantas gramíneas e algumas poucas árvores. E ela existe até hoje! Cada terra tem sua própria história só esperando para ser descoberta. Ao estudarmos e pesquisarmos sobre os aspectos geológicos dos nossos territórios nos tornamos capazes de compreender e nos conectarmos melhor com os espíritos que ali residem.

Espíritos da natureza têm papéis que desafiam a lógica e a compreensão humanas. Por mais que não existam de maneira intrusiva a ponto de serem notados, trabalham de modo diligente. Os espíritos da natureza e os espíritos da terra ajudam a proteger o território e as criaturas que habitam no local. Quando as pessoas mencionam assombrações presentes em construções novas — ou até mesmo em prédios antigos —, elas estão, na verdade, lidando com espíritos confusos da terra. Ao construir um imóvel sem saber da existência de outras criaturas, tendemos a tirar do lugar não só as plantas e os animais, mas também os espíritos. Às vezes, eles continuam naquele terreno e tentam reconstruir e proteger o que está ao alcance deles. Outras vezes, esses espíritos ficam bravos, perdidos ou confusos.

O mesmo acontece quando novos donos se mudam para uma estrutura antiga. Logo após a mudança, os novos moradores podem decidir que a casa é "assombrada" quando, na verdade, os espíritos que vivem ali estão confusos. Eles podem sentir que seu espaço foi invadido por alguém que sequer teve a decência de se apresentar e deixar as próprias intenções claras. Fazer o possível para fluir conjuntamente à harmonia dos espíritos que já estão ali presentes pode resolver esses problemas com a terra e perturbações estruturais sempre que elas surgirem.

Aprendendo a se conectar

O trabalho e a criação de um relacionamento com a terra, a natureza e os espíritos é uma prática totalmente intuitiva. A compreensão não ocorre da noite para o dia, mas sim quando trabalhamos para fortalecer nossas habilidades intuitivas, algo que pode ser facilmente realizado por qualquer bruxa, seja qual for o seu nível de aprendizado.

Na época em que eu morava em Montana, um de meus professores me disse que, em cada propriedade, há um espírito encarregado de equilibrar os outros. No momento, ele falava especificamente do espírito de um belíssimo salgueiro ancião localizado na propriedade entre nosso jardim e nossa casa. Essa velha árvore cuidava da propriedade, e mantinha as pessoas, as plantas e os espíritos que a habitavam em perfeita segurança. Tenho certeza de que essa árvore era capaz de remover a negatividade de algumas das pessoas que ali viviam e a filtrava, transformando-a em algo capaz de ser gerenciado. Foi sob a infinita sabedoria dessa árvore que tive minha consciência espiritual despertada quando adulta.

Na casa em que vivo agora, esse espírito assume a forma de um rochedo de calcário de 150 quilos. O jardim que o circunda fervilha com a beleza da vida, repleto de flores e borboletas. É um jardim estável e seguro porque o espírito da rocha o protege. Ele já me protegeu por diversas vezes. Durante o Furacão Irma, o grande carvalho sobre o teto do meu quarto se partiu e caiu. Em vez de atravessar o teto, os galhos assumiram o impacto, arranhando minha janela, mas sem afetar toda a estrutura da casa. Naquele momento, eu pude sentir a energia da proteção irradiando pelo meu espaço.

Esteja ciente de que toda propriedade tem um espírito guardião, seja ele uma árvore, uma rocha, um rio ou qualquer outro elemento da natureza. Uma das partes mais importantes de se trabalhar com os espíritos da terra é aprender a construir uma relação com eles.

Descubra o seu espírito guardião

Quando estiver pronto para começar a construir esse relacionamento, saia ao ar livre e sente-se no chão de maneira que sua pele entre em contato direto com o solo. Feche os olhos e visualize sua propriedade, como se estivesse flutuando acima dela e olhando para baixo. Veja cada elemento como ele realmente é: onde as construções se encontram com as árvores, onde o sol e a sombra tocam nas plantas e no solo, onde a terra pode parecer saudável ou adoecida. Ative sua intuição. Você consegue identificar a fonte primária do seu espírito da terra?

Assim que for capaz de identificá-lo, apresente-se. Visualize mentalmente como esse espírito se parece ou que voz ele pode ter. Associá-lo a alguma coisa fará com que você construa uma conexão e uma relação mais forte com ele. Quanto mais você honrar e trabalhar com essa entidade, mais forte o laço entre vocês se tornará.

Terra e ancestralidade

Todas as bruxas têm um lugar de origem. Esse local amarra nosso sangue à nossa terra e ao espírito de um determinado lugar. Nossa magia se torna mais fácil de ser ativada nesses ambientes e ali se conecta com mais livremente aos espíritos da natureza. Ao longo do curso da história, as pessoas se distanciaram de suas terras de origem — tanto por escolha quanto por imposição. Os humanos são flexíveis, adaptáveis e inovadores. Contudo, como as plantas, quando somos separados de nossas raízes, começamos a murchar.

O tópico da ancestralidade geralmente levanta diversas perguntas de pessoas que não sabem de onde vêm. Nem todo mundo vem de uma linhagem conhecida. Enquanto algumas pessoas têm uma bíblia familiar, que é passada de geração a geração, mantendo uma espécie de registro da família, outras ouviram frases como "Olha, eu acho que a sua avó nasceu em...".

Esse costuma ser um problema principalmente na América. Por quê? As pessoas imigram de todo o planeta, vindas de diversos lugares, mas nenhum deles é um caldeirão de raças tão proeminente quanto nas

Américas. Para todos aqueles que desconhecem de onde suas famílias se originam, é muito fácil clamar "Eu sou estadunidense!". Mas, afinal, o que é ser estadunidense, na verdade? Um misto de culturas? Ou ser parte de uma história sombria construída por meio do apagamento de outras culturas? Será, talvez, uma interpretação mais moderna que os imigrantes decidiram assumir nos últimos anos?

Junto do avanço da tecnologia moderna, testes genéticos como os da *National Geographic* e ancestry.com têm oferecido uma solução. Usar esses testes é muito simples: basta pagar por eles, enviar um pouco do seu DNA, e então esperar pelos resultados. Mesmo que eu tenha sido sortuda o suficiente para saber quais são as minhas origens, decidi fazer um teste de DNA para detectar minha ancestralidade alguns anos atrás. Do meu ponto de vista, ele foi completamente preciso, dando-me os resultados que eu estava esperando, além de especificar o quanto eu tinha de cada coisa e de onde veio cada parte.

É preciso mencionar que realizar um teste de DNA e descobrir se você tem 1 ou 5% de qualquer coisa não faz de você livre para se apropriar da cultura desse grupo de pessoas. Quando a ancestralidade varia entre 1 e 5%, isso significa que o seu ancestral existiu há seis ou oito gerações do passado. Claro, a energia daquela cultura está no seu sangue, mas ela não é o aspecto dominante da sua ancestralidade. Toda cultura deve ser tratada com respeito e reverência conforme você constrói uma conexão com ela ao longo do tempo. No meu caso, há 70% de sangue irlandês, escocês e galês e apenas 2% de sangue espanhol. Não sei quando isso ocorreu na minha árvore genealógica, mas me sinto confiante o suficiente para afirmar que não sou nem um pouco espanhola, pois suponho que essa pequena parte de ancestralidade esteja relacionada aos gauleses, um povo celta.

Com o passar dos anos, a magia ancestral se tornou cada vez mais forte na comunidade bruxa. Eu, por exemplo, me apoio fortemente nos meus ancestrais para realizar a minha bruxaria. A magia ancestral, no entanto, é mais do que apenas se conectar com os seus ancestrais, também é se conectar com o próprio espírito, o próprio sangue, a energia do seu corpo físico e a terra. A questão não é trabalhar apenas com os seus ancestrais, mas sim com tudo que os envolve.

Alguém com ancestralidade irlandesa terá uma conexão diferente com a terra de alguém com ancestralidade nativa-americana ou russa. Esses ancestrais se conectavam à terra e aos espíritos locais da mesma forma que nós nos conectamos com eles. Por isso é tão importante saber quem você é e de onde você veio quando estiver realizando bruxaria ancestral. Por vezes você pode, inclusive, se sentir meio boba, principalmente se não estiver certo da pronúncia, mas tentar incorporar a língua nativa dos seus ancestrais à sua magia é uma prática muito interessante. Os seus ancestrais reconhecerão o seu espírito e as suas intenções, mas eles sempre terão maior facilidade em se relacionar com aquilo que for familiar a eles.

Não quero dizer que você tenha que aprender uma nova língua caso queira exercer esse tipo de mágica. Mas, sim, você pode escolher algumas palavras aqui e ali e inseri-las nos seus feitiços e rituais. A língua irlandesa moderna é uma mistura de diferentes influências que, tenho certeza, meus ancestrais não compreenderiam. O que posso fazer por eles é incorporar ao feitiço alguns dos deuses que veneravam, um pouco de linguagem escrita e a música da terra. Também posso incluir pedaços do solo, as árvores, a água e a própria essência da terra que eles habitaram enquanto ainda viviam.

Ao retornar às raízes da nossa cultura, mesmo que não tenhamos sido criados com essas raízes, podemos ajudar a criar uma profundidade espiritual e um laço entre carne e espírito. Empenhar-se em participar das tradições de sua herança ancestral fortalecerá a sua conexão com os seus ancestrais e a magia do sangue.

Magia do sangue

A magia do sangue é um segredo muito bem guardado por aqueles que a praticam e repudiado por aqueles da comunidade bruxa que não a compreendem. Ela tanto invoca quanto evoca o laço entre os "céus" e a terra, o lugar nos quais os espíritos se transformam em carne. É nossa forma mais primal de mágica e uma das nossas ferramentas mais poderosas.

O sangue é o sustento de toda a vida e o criador da morte. Embora ele não possa literalmente criar morte, ele compreende a dualidade melhor do que qualquer outra parte do nosso corpo físico. Lembre-se, não somos apenas corpos, somos espíritos dentro de um corpo. Uma vez que a vida tenha terminado, o que sobra? O nosso sangue é uma fonte sagrada de magia. Não existimos com a ausência dele, e problemas no sangue causam degeneração física, mental e mesmo espirituais. Enquanto somos matéria, nosso espírito está unido ao nosso corpo físico. Por isso, é preciso cuidar de cada elemento de nossa vida a fim de realmente trabalhar com a magia presente em nossos DNAs.

Ao longo dos anos, já ouvi, muitas e muitas vezes, que a magia do sangue é "perigosa" ou "maligna". Eu discordo. Não acredito que qualquer coisa que venha do nosso corpo possa ser inerentemente ruim. Também não sou da opinião de que o uso do meu sangue vá me tornar mais vulnerável a sofrer um ataque psíquico ou espiritual. Se este fosse o caso, eu deveria me preocupar com a quantidade de cabelo que perco, ou até mesmo com espirrar ou tossir durante um ritual.

Embora eu acredite que, de certa forma, eu utilize a magia do sangue de forma mais liberal que outras bruxas modernas, tive a experiência única de me consagrar ao meu deus em um lugar de grande significância espiritual recentemente. Eu estava com meu companheiro na Irlanda para um casamento, e nossa rota até o local nos levou às terras dos ancestrais da minha família. No segundo em que cruzamos aquele território, pude sentir a energia dentro de mim começar a mudar. Essa foi a primeira vez que decidi consagrar o meu sangue no chamado à bruxaria.

Eu pratico a bruxaria folk, de origem americana-irlandesa, desde 2001. Minha mãe era uma irlandesa católica praticante da bruxaria folk, e tudo que sei veio dos princípios básicos que ela me ensinou. Dezoito anos depois, após múltiplas viagens para a Irlanda, eu estava enfim visitando o lugar onde minha família viveu por centenas de anos. Em certo momento, no acostamento de uma estrada irlandesa, sob colinas que provavelmente não têm qualquer significado ou denominação para os tempos modernos, eu reivindiquei o meu papel de bruxa.

Dois dias depois, estávamos fazendo as malas para partir e voltar aos Estados Unidos. Tínhamos cerca de 24 horas antes do nosso voo das 4h da manhã e nenhum plano do que fazer ao longo do dia. Eu estava sentindo um estranho chamado que me impelia a visitar o mar. Sendo assim, não só saí do meu caminho para visitar Dublin, como também fui a Galway e à Irlanda do Norte. Eu tinha acabado de aceitar Manannán Mac Lir ("o filho do mar") como o meu deus e sentia como se ele estivesse tentando me dizer algo.

Assim, com algumas horas livres e um carro alugado, convenci meu grupo de que deveríamos dirigir de Dublin até a Calçada dos Gigantes na costa da Irlanda do Norte e depois voltarmos para o nosso voo de volta. Felizmente, eles acataram e chegamos lá bem na hora em que o sol estava começando a se pôr. Entre as rochas e na presença de Manannán Mac Lir, mais uma vez, me assumi como bruxa. Andei sozinha entre as rochas até uma pequena área musgosa que fazia parte tanto da terra quanto do mar. Ali, furei o meu dedo com um alfinete e disse em voz alta:

> *Entre a areia e o enxofre*
> *As pedras e o mar*
> *Este sangue ofereço*
> *A ti, por toda a eternidade*

Não sei expressar o que eu esperava que acontecesse, mas o que veio em seguida mudou completamente a forma como vejo e pratico minha bruxaria. Um grande pássaro voou e pousou sobre uma pedra próxima de mim. Ele emitiu um som alto de chamamento, que foi logo atendido por outros pássaros. Até esse ponto, o local havia estado deserto, com apenas eu e outras cinco pessoas (todas fotógrafas) espalhadas ao redor dele. Este foi o momento em que eu renasci.

Se você ainda não encontrou um deus para o qual se devotar, ou se não souber como encontrar um, não se aflija. Somente após dezoito anos trabalhando no caminho da bruxaria encontrei o deus ao qual eu me devotaria — e por mero acidente.

Minha recomendação para quem ainda está à procura de uma deidade é: feche os olhos e imagine o lugar no qual você mais se sente em paz. Onde é que você se sente em completude? Nesse momento, você está fazendo alguma coisa em especial? Para mim, esse lugar sempre foi andar de bote ou caminhar na praia. Levei dezoito anos para conseguir realizar a conexão entre o meu lugar favorito e o deus que estava me atraindo para ele.

Preste atenção em lugares aos quais você se sente em segurança, profundamente conectada, e pesquise por deuses que combinem com as características desse lugar. Pode ser que você se sinta atraído por florestas ou montanhas. Ou por tempestades, ou por cemitérios. Independentemente do que for, se este lugar trouxer consigo um sentimento de satisfação, ele é o lugar certo para procurar. Claro que ler livros sobre mitologia e estudar o que outras bruxas estão fazendo é algo muito bom na teoria, mas um livro não consegue oferecer a mesma sensação de realização que você experimentará quando se conectar profundamente com um deus ou uma deusa.

Yule · Imbolc · Ostara · Beltane · Litha · Lammas · Mabon · Samhain

TEMPERANCE ALDEN
BRUXA INTUITIVA
DARKSIDE

A ORIGEM DA RODA DO ANO
Capítulo 8

"Por causa das nossas tradições, mantivemos o equilíbrio por muitos e muitos anos. Aqui, em Anatevka, temos tradições para tudo: como comer, como dormir, como vestir as roupas. Por exemplo, precisamos sempre cobrir nossas cabeças e vestirmos um pequeno xale de oração. Isso mostra a nossa constante devoção a Deus. Você pode até perguntar sobre a origem dessa tradição. Vou te dizer: Eu não sei. Mas é uma tradição. E por causa das nossas tradições, cada um de nós sabe quem é e o que Deus espera de cada um de nós."
— Um Violinista no Telhado —

No curso da história humana, as pessoas têm utilizado os ciclos da natureza e o ritmo da terra para celebrar vida e morte, casamento e separação, saúde e doença. Cada uma das estações possui suas próprias celebrações e ciclos que acompanham o ritmo do ano. Pensando nisso, quando será que a roda do ano que conhecemos hoje começou a tomar forma?

Nenhuma cultura específica pode afirmar ter iniciado a celebração de coisas como a lua, o sol, as estações, a colheita, o solstício, o equinócio, as tempestades ou qualquer outra faceta da natureza.

Celebrar, reconhecer e louvar as coisas que nos permitem estar vivos é algo intrínseco às nossas almas. Contudo, cada cultura tem suas próprias tradições, valores e conhecimentos que fazem com que cada festival seja único. Com o passar do tempo, as culturas foram se misturando, algumas delas, inclusive, perdendo-se pelo caminho, outras sendo roubadas, compartilhadas ou colonizadas; muitas tradições foram criadas e muitas outras foram perdidas e transformadas.

Muito da bruxaria ocidental moderna é baseada nos ensinamentos e na ideologia de Aleister Crowley e da Ordem Hermética da Aurora Dourada. Fundada originalmente por um pequeno grupo de maçons durante o fim do século xix, a Ordem Hermética da Aurora Dourada era uma sociedade esotérica e ocultista que tinha centenas de homens e mulheres iniciados.

A base da Ordem tinha grande influência de misticismo judaico-cristão, da cabala, de hermetismo, do Antigo Egito, da maçonaria, da alquimia, entre outras fontes. Essa ampla variedade eclética na sua fundação ajudou a criar uma tradição calcada em magia cerimonial e ritualística. Foi dentro dessa sociedade que a magia ritualística e organizada em grupo passou a ser conhecida. Foram esses sistemas que construíram a base para aquilo que conhecemos hoje como a Wicca moderna.

Claro que não pretendo afirmar que a Wicca seja um braço da Aurora Dourada, mas apontar, em termos gerais, que os fundadores da Wicca (especialmente Gerald Gardner) usaram uma espécie de "esqueleto" da Aurora Dourada para criar os métodos de trabalho em grupo que observamos na bruxaria dos dias de hoje. O maior e mais notável lembrete dessas origens está na frase "Que assim seja", muito utilizada pelo caminho da mão direita e pelas comunidades wiccanas da atualidade. Essa frase é, na verdade, proveniente da maçonaria e foi adaptada por Gardner para ser utilizada na Wicca moderna.

Gerald Gardner também foi um dos maiores responsáveis pelo renascimento dos festivais presentes na roda do ano moderna. Durante a metade do século xx, Gardner adotou em seu coven uma roda do ano que celebrava os solstícios, os equinócios e os quatro festivais celtas do fogo:

- Samhain (Início do Inverno/Halloween/Ano-Novo Pagão)
- Imbolc (Dia de Santa Brígida/Festa da Candelária)
- Beltane (Véspera de Maio/Primeiro de Maio)
- Lughnasagh (Festa da Colheita/Lammas)

À época da sua criação, somente quatro dos feriados celtas foram nomeados. Os outros quatro solstícios e equinócios foram descritos mais por suas estações e funções do que por suas denominações. Eles foram nomeados posteriormente, por Aidan Kelly, na década de 1970, e se tornaram muito populares sob os seguintes títulos:

- Yule (solstício de inverno)
- Ostara (equinócio de primavera)
- Litha (solstício de verão)
- Mabon (equinócio de outono)

Graças a esse trabalho em grupo focado em criar e nomear os feriados na roda, hoje temos essa combinação de feriados de influência celta e germânica que todos nós conhecemos e amamos!

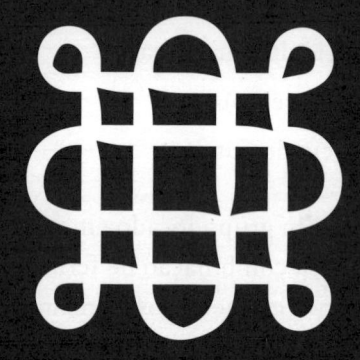

Norte: 31 de outubro
Sul: 1º de maio

SAMHAIN
O PRIMEIRO FESTIVAL NO LADO ESCURO DA RODA DO ANO

Capítulo 9

> "O Halloween (Samhain) começa na primeira Lua da Colheita que você vir em outubro e termina na primeira semana de novembro."
> — Carole S. —

O Samhain (pronuncia-se "sal-uín") é o primeiro festival presente na roda do ano. Também conhecido como Halloween, Dia de Todos os Santos e Ano Novo das Bruxas, o Samhain é o ponto intermediário entre o equinócio de outono e o solstício de inverno. É um dia (ou, em alguns casos, uma semana) de observação plural que existe de maneira única em cada uma das culturas que o comemoram. Ao que muitos pagãos e wiccanos costumam se referir como Samhain, entretanto, é uma reconstrução de práticas anteriores e mais antigas de origem céltica-irlandesa.

O Samhain é marcado por símbolos, como o conceito da presença de um véu tênue, a reverência aos mortos, a colheita e os animais de fazenda. A palavra *Samhain*, em irlandês moderno e escocês gaélico, significa *novembro*, mas também se especula que ela tenha raízes no termo *summer's end* ("fim do verão"). Dessa forma, o *sam*, que em irlandês antigo seria *summer* ("verão"), e *fuin* ("fim"), foram combinados, formando essa etimologia folk. Mas isso é apenas uma teoria moderna, não há nenhuma etimologia clara ou decisiva que confirme essa afirmação.

Tradicionalmente, acredita-se que os celtas tenham dividido a roda do ano em duas metades. Essas duas metades (a metade clara e a metade escura, verão e inverno) foram reunidas e passaram a conter muitos festivais e observações, começando pelo Samhain. A estação do Samhain é a primeira no lado escuro da roda do ano, sendo, posteriormente, acompanhada pelo Yule, Imbolc e Ostara. Ela também é a primeira dos sabás maiores originais celtas. O Samhain é o primeiro grande festival da roda do ano que nos ajuda a fazer a transição do ciclo do nascimento e crescimento para o ciclo da morte.

Embora a maioria o celebre na noite do dia 31 de outubro, o Samhain ocorre no dia 1º de novembro. Esta não é uma regra inflexível, pois muitos pagãos o celebram ao estilo do Halloween, passando também pelo feriado da colheita, que vai desde 31 de outubro até 5 de novembro. Por ser um feriado intermediário, contudo, a data real do Samhain muda constantemente e pode ser encontrada ao calcular o dia que se encontra entre o equinócio de outono e o Yule.

O véu tênue

Uma das frases que mais escutamos sobre o Halloween e o Samhain é que o "véu está se tornando cada vez mais tênue". Esse termo se tornou popular tanto nos círculos espirituais quanto na cultura pop, mas o que ele quer dizer? Bem, muitos acreditam que há um véu separando o mundo dos vivos do mundo dos espíritos. Algumas vezes ao ano, no entanto, esse véu se torna mais fino. Isso acontece sobretudo durante os feriados principais, nos quais os nossos entes queridos que partiram são relembrados. Isso marca especialmente o Samhain, o Yule e a Páscoa Cristã/Pessach Judaica. A Páscoa costuma acontecer quase seis meses depois do Samhain, o que a tornaria irmã desse feriado na roda do ano.

O Samhain não é o único dia do ano no qual o véu se encontra mais rarefeito, mas é o seu período de enfraquecimento durante o ano da bruxa. Isso é muito significativo para as bruxas que desejam manifestar e mudar as próprias vidas no novo ano! Para entender melhor, tente pensar no Ano-Novo convencional. Quantas pessoas fazem desejos, resoluções, e tentam colocar planos em ação? Quase todos nós! O ano novo da bruxa é uma época na qual podemos fazer a mesma coisa enquanto recebemos os benefícios de nos depararmos com o véu entre mundos estando mais tênue.

Mensagens para o mundo espiritual

Existe uma planta tóxica chamada trombeta-de-anjo. É um arbusto florido com flores cujas corolas estão sempre voltadas para baixo e têm a aparência parecida com a de uma trombeta. Esta planta tem sido muito utilizada ao longo da história como mensageira do mundo espiritual. Não há período melhor do que a véspera do ano novo, quando o véu está tênue, para enviar uma mensagem para os nossos ancestrais! As trombetas-de-anjos florescem com maior intensidade no outono, ou seja, essa é a hora perfeita para colocar nossos desejos em ação.

As trombetas-de-anjo operam sob um sistema que quase todas as pessoas conseguem usar. Novamente, devo ressaltar que essas plantas são tóxicas, portanto, não devem ser manuseadas com as mãos desprotegidas. Para enviar uma mensagem para o mundo espiritual utilizando essa flor, tudo de que você precisa é um papel, uma caneta, uma pá, luvas e uma trombeta-de-anjo. Ao amanhecer ou ao pôr-do-sol, escolha a sua flor. No pedaço de papel, escreva o que você está solicitando e por quê. Dobre o papel e coloque-o dentro da flor. Para terminar o seu pedido, enterre a planta conforme o sol se põe ou se levanta.

A mitologia do Samhain

Há diversos mitos irlandeses fantásticos que têm relação com o Samhain, desde "As Aventuras de Nera" até "O Cortejo de Emer". Além disso, há mais de uma história envolvendo o nosso herói irlandês, Cú Chulainn, que ocorre durante o feriado, começando por "O Cortejo de Emer" e indo até "O Leito de Cú Chulainn". Essas estórias e esses epopeias, embora não sejam mais contados ao redor de uma fogueira, ainda são parte integral do que mantém essas tradições existindo e sobrevivendo de maneira única.

Além disso, o que é um feriado da colheita sem agradecer pelas bênçãos recebidas? O cerne do Samhain não está associado a nenhuma deidade específica, mas engloba todos os deuses e deusas que nos unem durante esse período de afinamento do véu e de conexão mais próxima. Há, contudo, alguns deuses e deusas que gostam de marcar presença durante essa época do ano. Não estou dizendo que essas deidades específicas precisem necessariamente ser idolatradas ou veneradas, mas sim que, caso você escolha trabalhar com elas, não há melhor época do ano para montar um altar.

Em muitas das tradições wiccanas, a Deusa toma a forma da deusa tríplice: Donzela, Mãe e Anciã. Ela é equivalente ao Deus Cornífero. No entanto, a personificação literal do Samhain é a da Anciã. Ela é simultaneamente o último e o primeiro estágio da deusa tríplice. Ela é a última fase antes da morte, mas também a primeira matriarca da deusa tríplice e, portanto, carrega consigo o papel mais poderoso e estudado. Embora existam diversas representações da deusa tríplice, Hécate é a mais conhecida delas e a mais amplamente associada ao Samhain.

Curiosamente, por mais que o Samhain seja um festival celta, Hécate é uma deusa grega. Ao assumir o aspecto da Anciã, ela representa o papel de deusa do submundo, embora não seja por isso que sua imagem está conectada ao Samhain. No livro *Celebrating the Seasons of Life: Samhain to Ostara*, Ashleen O'Gaea diz o seguinte: "(...) os romanos a conheciam e foram eles que a apresentaram aos celtas quando o império de César se estendeu além da Europa Ocidental e rumo à Grã-Bretanha".

Nessa época do ano, Hécate também recebe o nome de Deusa do Submundo. A Deusa do Submundo é o nome dado à Anciã da deusa tríplice. Algumas pessoas, inclusive, já consideraram separar essas duas deusas, mas creio que a Deusa do Submundo é a deusa Hécate, em crescimento e metamorfose, tornando-se presente nas nossas vidas modernas. A Deusa do Submundo personifica o mistério, a Lua, o Eu interior, e nossas sombras. O Samhain, por sua vez, nos proporciona um tempo dedicado à apreciação, ao conhecimento e trabalho voltado às nossas próprias luas.

Rituais de Samhain

Algumas das minhas memórias mais queridas da infância são voltadas para os feriados outonais, especificamente o Samhain. Minha mãe era uma bruxa folk irlandesa, assim como eu, e o Samhain sempre foi o seu feriado favorito (além de todo o período que envolve o Yule). Suas palavras sábias nunca me abandonaram, especialmente esta frase: "O Halloween (Samhain) começa na primeira Lua da Colheita que você vir em outubro e termina na primeira semana de novembro". Esse conhecimento me acompanhou durante toda a minha vida adulta, por isso sempre começo meus rituais de Samhain na noite da primeira Lua da Colheita de outubro.

Essa memória é o primeiro indicador intuitivo de que é o momento de entrar em contato com os meus ancestrais. A autora Ashleen O'Gaea, por exemplo, descreve o Samhain como uma reunião de família, uma analogia que eu amo por ser tão simples e sucinta e por resumir tão bem esse festival composto de: família, conexão espiritual, agradecimentos, finais e começos.

Ceia silenciosa

É verdade, o véu entre mundos se torna mais tênue nesse período do ano, e nossos ancestrais e familiares recém-finados se tornam mais fáceis de contatar. Uma das tradições mais comuns do Samhain é conhecida como *ceia silenciosa*, ou *jantar com os mortos*. A ceia silenciosa não é apenas uma refeição, mas também uma forma de relembrar nossos amados e ancestrais que partiram e de convidá-los de volta às nossas vidas durante esse jantar. As ceias silenciosas podem ser realizadas em qualquer época do ano ou por qualquer razão, mas costumam acontecer mais durante o Samhain. Minhas celebrações de Samhain duram diversos dias, e preparo o lugar de um ancestral para cada refeição celebrativa que preparo, com diversos pratos dispostos à mesa, principalmente na noite de Samhain.

Há duas formas de realizar uma ceia silenciosa. A mais comum e tradicional delas é fazer uma refeição em silêncio completo. Isso ocorre para mostrar um estado de espírito reflexivo e respeitoso. Tipicamente, uma refeição é preparada e um lugar extra é colocado à mesa para simbolizar a presença dos ancestrais e das pessoas amadas que tenham falecido. O jantar é conduzido com o máximo de seriedade, e cada um dos presentes deve se concentrar nas lembranças relacionadas àqueles que não estão mais entre nós.

(Não se preocupe com a possibilidade de um espírito estranho se sentar com você à mesa — o risco de outros espíritos se juntarem a você nesse momento é mínimo, pois você está convidando apenas aqueles que são do seu próprio sangue.)

Uma outra forma de fazer uma ceia silenciosa — e a minha preferida — é à qual me refiro afetuosamente como *ceia irlandesa*. Na ceia irlandesa, a refeição não é silenciosa e ruminante. Quando realizo a minha ceia, quero que meus parentes e meus ancestrais se sintam amados e felizes, como quando eram vivos. Essa versão é barulhenta, cheia de comida boa, bebida e uma celebração absoluta sobre como é fantástico se estar vivo. É uma ceia de três pratos, todos preparados em casa. (Lembrem-se que nossos ancestrais não comiam industrializados, Portanto, nós também não devemos servir isso ao convidá-los para as nossas casas.)

O três é o número da Donzela, da Mãe e da Anciã, então servir três pratos é algo simbólico que se encaixa no espírito da estação. Assim como no jantar de Ação de Graças norte-americano sempre se come peru e no Natal norte-americano sempre se come presunto, na minha ceia de Samhain sempre servimos cordeiro. Tento sempre preparar comidas que façam parte da estação, que tenham sido compradas de mercadores locais ou produzidas pelo meu jardim, evitando ao máximo alimentos processados ou fora da estação.

Primeiro prato: Sopa cremosa de abóbora com pão de soda.

Segundo prato: Cordeiro Wellington com couve-de-bruxelas ou aspargos.

Terceiro prato: Eton mess[1] com frutas silvestres (parfait de frutas silvestres e creme).

É claro que você não precisa escolher um menu igual ao meu; aliás, você não precisa usar nenhum desses ingredientes. O importante é que você seja autêntica e verdadeira à sua linhagem e herança. Algum dos seus finados levava uma dieta muito restrita? Então cozinhe para ele. Não é que eles possam comer a comida, mas a energia e o esforço que você coloca na ação e a sua intenção de fazer com que seus convidados se sintam confortáveis é o que conta. Afinal, não é porque eles não estão presentes fisicamente que você não os convidou, e servir comidas com as quais eles estão acostumados é uma forma de demonstrar respeito por eles e pelo papel que tiveram na sua vida e no lar.

Você também pode cozinhar outros pratos, além dos dedicados aos seus familiares falecidos (sempre fazemos isso por aqui quando temos algum vegetariano presente). Contudo, esse é o menu que eu quase sempre faço em todas as minhas ceias de Samhain. (Para que mexer em time que está ganhando, não é mesmo?)

---

[1] Eton Mess é uma sobremesa de origem britânica composta por frutas silvestres, frutas vermelhas ou morangos, chantilly e merengue.

Laticínios e produtos de origem animal costumam ser outro aspecto ancestral importante dessa celebração. O Samhain era o período no qual nossos ancestrais costumavam abater os seus rebanhos para enfrentar os duros meses de inverno, por isso havia um excesso de carne e produtos derivados do leite nessa época do ano. Se você não tiver nenhuma restrição alimentar, sugiro que você seja o mais autêntico possível a essa característica alimentícia.

Você pode realizar a ceia por conta própria, com a sua família, ou um grupo de pessoas. Cada um desses cenários pede uma composição diferente da mesa. Por exemplo, se estou fazendo a ceia por conta própria, me sento a uma ponta da mesa, e disponho os outros lugares para outras pessoas específicas, reservando a cabeceira da mesa para a minha linhagem ancestral. É importante servir os pratos primeiro para os finados e só depois para você, a última pessoa viva da linhagem presente na mesa.

Se você estiver recepcionando uma ceia silenciosa com a sua família, você pode se sentar no meio da mesa, com o seu companheiro, ou companheira, sentado do lado oposto, à sua frente. A cabeceira da mesa do lado esquerdo deve ser feita pensando na sua família, e a do lado direito, pensando na família do seu cônjuge. Dessa forma, nossas famílias estarão sempre do nosso lado esquerdo, simbolizando proximidade dos nossos corações e mentes, enquanto nos conectamos simultaneamente com o restante da família.

Agora, se a ceia for em grupo, siga o mesmo princípio abordado anteriormente e tente arranjar os lugares da sua família diretamente à sua esquerda. Assim, todos os outros lugares da mesa estarão disponíveis. A área da sua família deve estar adornada com itens e artigos dos quais gostavam, como bebidas, comidas, doces e fotografias. Tudo isso é para trazer o espírito da sua família para perto em meio a esse momento de celebração e comemoração. Sua linhagem é muito especial, portanto, faça com que seus ancestrais se sintam assim por meio de suas palavras e ações durante esse momento.

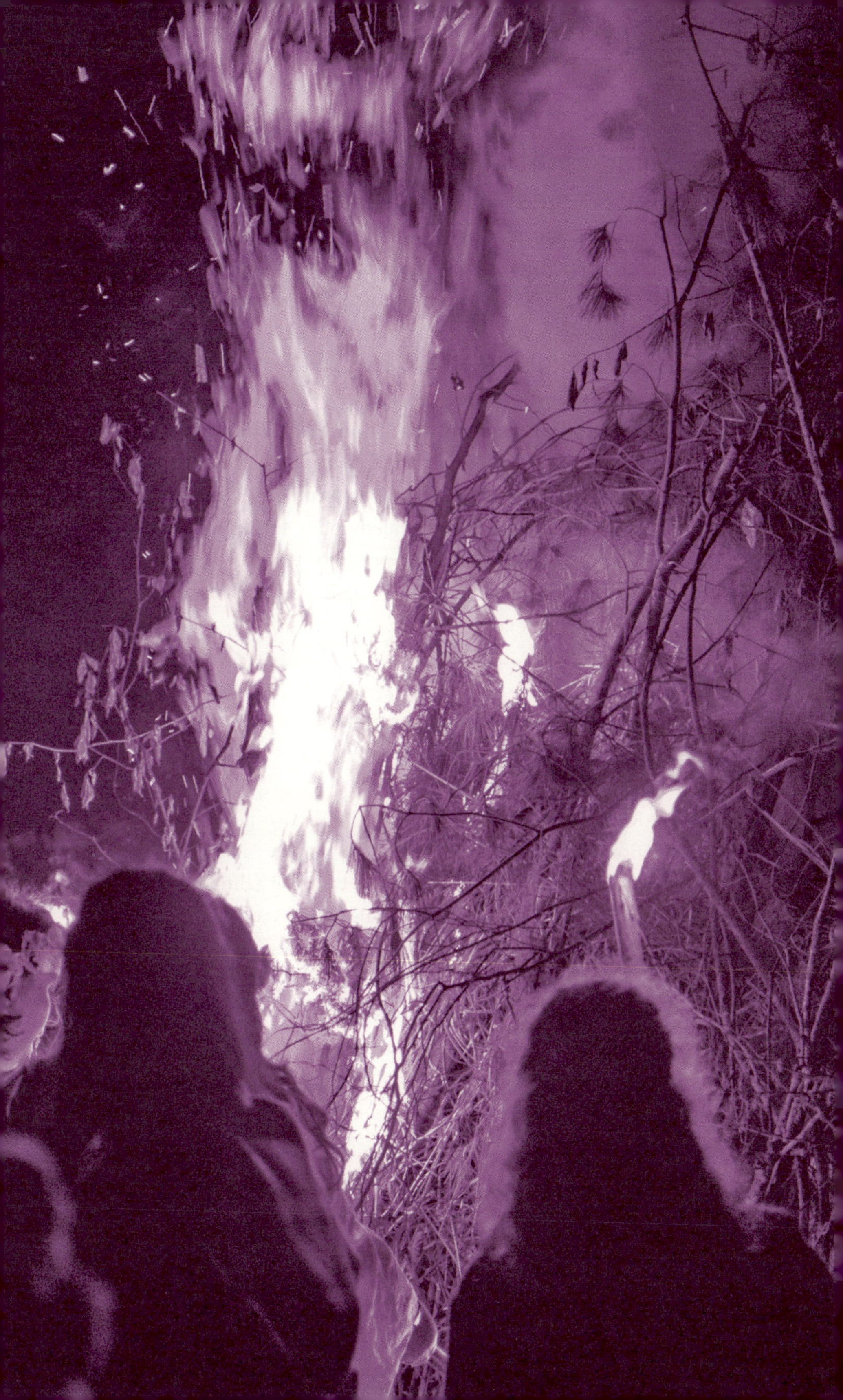

Sopa cremosa de abóbora e pão de soda

Costumo preparar essa sopa como entrada não só durante o Samhain, mas também em quase todas as refeições outonais na minha casa. Eu a descobri depois que uma amiga bastante próxima me deu a receita da mãe dela. Todos os anos eu brinco com os ingredientes conforme minha dieta muda, mas, no geral, eu mantenho a integridade da receita original. É uma sopa cremosa e saborosa e, por incrível que pareça, nunca me canso dela.

Você precisará de um liquidificador porque precisaremos processar nosso purê. Essa sopa é especialmente boa se estiver acompanhada de almôndegas de peru ou kneidl,[2] mas, no Samhain, é melhor preparar algo mais simples. Se você quiser ir além, pode servir a sua sopa dentro de uma abóbora esculpida somente por fora. Permita-se experimentar coisas novas e veja que tipo de sabores da festa da colheita você consegue incorporar à sua ceia.

Ingredientes:
2 abóboras-cheirosas médias esmagadas
2 colheres de sopa de manteiga
½ xícara de chalotas
½ xícara de cebolas
3 dentes de alho picado
2 xícaras de caldo de legumes ou de caldo de galinha
¼ de xícara de creme de leite (ou de leite de coco)
1 colher de chá de sal
½ colher de chá de pimenta-preta
¼ de colher de chá de alecrim seco
¼ de colher de chá de sálvia seca
¼ de colher de chá de pimenta-da-jamaica

---

[2] Kneidl é um prato típico da culinária judaica feito com pão ázimo, ovos e gordura.

Pré-aqueça o fogo a 200° graus. Cubra uma forma com papel alumínio, corte as abóboras ao meio e coloque-as, de cabeça para baixo, na forma. Asse-as no forno até que estejam macias, cerca de 1h30. Agora, vire-as para cima, e asse-as até que estejam levemente coradas. Tire-as do forno e deixe que esfriem.

Derreta a manteiga em uma panela e refogue as chalotas, as cebolas e o alho até que fiquem dourados, o que leva cerca de cinco minutos. Reserve.

Uma vez que as abóboras tenham esfriado, remova as sementes e retire o interior delas. Você terá cerca de quatro xícaras e meia de abóbora. Adicione o refogado de chalotas, cebolas e alho ao liquidificador e bata até que esteja quase homogêneo. Não exagere — a seguir você vai liquidificá-los um pouco mais. Acrescente as abóboras e bata outra vez. Coloque o caldo e aperte a função "pulsar" para misturar os ingredientes. (Talvez você precise realizar o procedimento em duas etapas, dependendo do tamanho do seu liquidificador.)

Despeje o conteúdo do liquidificador em uma grande panela e misture com o creme de leite. Acenda o fogão em fogo médio, mexendo sempre. Acrescente sal, pimenta-preta, alecrim, sálvia e pimenta-da-jamaica.

Espere ferver, tampe a panela e aguarde de dez a quinze minutos.

Por fim, desligue o fogo e sirva.

Ritual da colheita

Se você tiver o espaço, o tempo e os meios, recomendo que faça a colheita de pelo menos um item presente na mesa, podendo ser tanto uma abóbora quanto alho, ervas ou qualquer outra planta. Isso permitirá que a energia da terra entre na sua casa e no seu corpo de uma maneira especial, o que não aconteceria se você não tivesse se dedicado a cultivar, nutrir e colher a planta você mesma. Isso não é obrigatório, de forma nenhuma, mas é recompensador poder comer algo que tenha sido plantado com as suas próprias mãos.

Ao plantar suas sementes, semeie a intenção de conexão. Você irá cultivar e cuidar dessas plantas por semanas, o que, em troca, fortalecerá sua conexão com o espírito da terra, o espírito da sua ancestralidade, e a sua conexão com você mesma. Ao aguá-las e tratá-las, converse com as suas plantas como se estivesse conversando com aqueles que você ama. As mensagens seguirão adiante, e todas essas conversas estarão presente na sua mesa de Samhain.

Assim que estiver se sentindo pronta para a colheita, pegue suas ferramentas de jardim e prepare uma oferenda para a terra. Isso pode significar fazer uma mandala de forragem, limpar a área de lixo, adicionar compostos ou outros nutrientes ricos ao solo, ou trazer água limpa e cristalina. Ao nascer do sol, vá até suas plantas e deixe sua oferenda. Antes de cortar a vinha, agradeça à terra, ao sol, ao céu, à chuva e ao espírito por lhe fornecer essa colheita.

Agradeça em voz alta, sentindo as palavras irradiarem de seu espírito interior na direção da natureza. Esse é o tempo perfeito para refletir, principalmente se você se sentir inclinada a sentar e meditar com esses elementos e espíritos. A terra na qual vivemos e os espíritos que nela residem, lado a lado conosco, são parte da nossa vida imediata. Ao sentarmos e reconhecermos a presença deles neste momento de gratidão, nós fortalecemos os nossos laços com o lado espiritual que nos circunda.

Norte: 21 ou 22 de dezembro
Sul: 21 ou 22 de junho (Inverno)

YULE
O SEGUNDO FESTIVAL NO LADO ESCURO DA RODA DO ANO

Capítulo 10

"Se não tivéssemos inverno, a primavera não seria tão agradável: se não experimentássemos o gosto da adversidade, a prosperidade não seria tão bem-vinda."
— Anne Bradstreet —

No começo, havia a escuridão. Antes da chegada da luz, dos dias e das noites, dos solstícios e dos equinócios, só havia trevas. Nós nascemos delas e é a elas que retornamos quando findamos. Essa escuridão é tão parte de nós quanto nós somos parte dela; e sua presença é sentida profundamente nesta seção da roda do ano.

A primeira "colheita sombria" da roda do ano é o Samhain, uma data marcada por um véu tênue, reverência aos mortos, colheitas e rebanhos. O Yule, a segunda "colheita sombria", partilha dessas mesmas características, mas também possui outras um pouco mais vibrantes. O Yule, um festival de origem germânica (também conhecido como solstício de inverno), é o segundo festival no lado escuro da roda do ano moderna. Ele é um riquíssimo feriado folk que tem raízes únicas pertencentes a praticamente todas as culturas. O período de festividades relacionado ao Yule, ou Yuletide, invoca não só a luz, mas também a escuridão. De azevinhos, guirlandas, coroas de flores, biscoitos, luzes e até mesmo os troncos, as origens pagãs dessa estação ainda são uma parte ativa da vida secular e espiritual.

Curiosamente, nem sempre o Yule foi sinônimo de inverno, sendo considerado, ele mesmo, uma nova estação do ano. Para sermos justos, o Yule deveria se iniciar na primeira semana de dezembro, quando outros feriados espirituais e pagãos começam. Esses dias de festividade nos levam ao período de feriados, portanto, seria interessante começar daí.

Quase toda cultura tem um feriado que acontece durante o solstício de inverno, então, esse dia não é específico apenas das culturas celtas ou até mesmo pagãs. Toda prática espiritual pode apreciar a importância do dia mais escuro do ano, o caminho que fazemos para chegar até ali e o renascimento que nos espera no ano seguinte.

Ao observarmos as origens do Yule, encontramos uma história interessante e um pouco confusa. A começar pela palavra *Yule*. Ela tem origem inglesa, derivando do inglês antigo *geol*, que pode ser traduzido como *Christmastide* ("período de festividade natalina"). Alguns, contudo, acreditam que a palavra é derivada do nórdico antigo *Jól*, o nome de um festival pagão de solstício de inverno. Só chegamos ao termo *Yule* a partir do século xv. No entanto, o que podemos concluir, ao observar todas essas questões etimológicas, é que o Yule moderno (um feriado tradicional fortemente influenciado pela cultura inglesa e anglicana) é originário de práticas e lendas germânicas e nórdicas. Mesmo assim, ainda que haja essa dicotomia quanto às raízes do Yule, muitos praticantes pagãos modernos seguem tradições mais influenciadas pela Wicca, fortemente ligada à versão inglesa do festival.

O Yule Pagão versus O Jól No Heathen

Antes de abordarmos as divergências entre o Yule e o Jól, gostaria de explicar porque decidi separar os pagãos dos *heathens* nesta seção. O termo *pagão* é um guarda-chuva utilizado para descrever crenças e práticas que não fazem parte das tradições Abraâmicas. Elas incluem práticas como a Wicca, o druidismo e o helenismo. Essa palavra, contudo, não é usada para descrever fés indígenas ou asiáticas, pois eles costumam rejeitar essa denominação. Por outro lado, a palavra *heathen* está relacionada especificamente ao paganismo germânico. Isso inclui práticas como o ásatrú, o vanatrú, o paganismo nórdico, o paganismo saxão e as tradições nórdicas. Esse tipo de paganismo tem influências específicas provenientes de grupos germânicos, nórdicos, escandinavos e anglo-saxões.

Então o que separa o Yule do Jól? À primeira vista, a coisa mais fácil de ser apontada é a diferença de tempo. Os dois festivais ocorrem no mês de dezembro, contudo, o Yule acontece precisamente no dia do solstício de inverno, enquanto o Jól se dá por volta do dia 20 de dezembro e segue até o dia 31 do mês. E se isso parece uma reminiscência dos doze dias de Natal, é porque realmente é.

As datas, entretanto, não são a única diferença óbvia. Os dias de festividade também variam. O Yule moderno presente na roda do ano sempre acontece durante o solstício de inverno, mas pode ser comemorado na noite anterior e chegar até a manhã seguinte. O Yule antigo, o Jól, pode ser celebrado do fim de dezembro até o início de janeiro. Não há data fixa para esse momento, embora ele costume ocorrer durante o solstício de inverno.

Contudo, uma das principais diferenças se dá nas homenagens aos mortos, muito presente no Yule dos heathens. O Yule é a parte mais sombria do ano, a época na qual o véu que separa o mundo dos vivos do mundo dos mortos está mais fino. Para um leigo, isso pode soar muito parecido com o Samhain, porém, sua essência é distinta tanto em tom quanto em intenção. A terra é escura, fria, e parece estar morta. Esse é o momento da Caçada Selvagem de Odin, mas também é o momento de celebrar amigos, família e outras pessoas amadas. É uma época para refletir e descansar do trabalho.

Nas celebrações modernas de Yule, o foco é o renascimento do sol. O Yule é o limiar entre a noite mais escura do ano e o ressurgimento do sol com todas as suas bênçãos. Este não é um momento sóbrio, muito menos celebra ou reconhece a importância dos mortos. Essa versão do Yule está cheia da promessa de uma nova vida e de potencial para a alegria. Para os wiccanos, principalmente, o Yule é uma das duas vezes no ano em que o Rei Azevinho (Holly King) e o Rei do Carvalho (Oak King) lutam entre si. Durante o Yule, o Rei do Carvalho ganha, mas isso muda tão logo chega o período de Litha, quando a batalha entre luz e trevas se renova.

Costumes e histórias do Yule

Como nenhuma cultura, religião ou prática específica é responsável pelo espírito do Yule, somos abençoados com a abundância de um mito festivo. Enquanto alguns afirmam que certas práticas têm origem específica, acredito que nossos ancestrais nômades europeus compartilharam suas crenças uns com os outros, presenteando-nos com uma abordagem gigantesca e quase uniforme sobre a estação do solstício de inverno.

No texto *Religious Holidays and Calendars*, a editora Karen Bellenir escreve:

> *Em muitas tradições pagãs, o conceito de renascimento é expresso por meio do nascimento de uma Criança Divina. Essa celebração deve incluir uma vigília na véspera do Yule como antecipação desse nascimento. A criança nascida no Yule recebe nomes distintos em cada uma das lendas. Na mitologia egípcia, essa criança é Hórus, na mitologia greco-romana é Apolo, na mitologia nórdica é Baldr, na fenícia é Baal e na celta é Belenos.*

O que mais acho interessante nesse trecho é que ele consegue abordar, de certa forma, o conceito cristão de Natal, o nascimento de Jesus Cristo, a Criança Divina, e o nascimento de muitos outros deuses pagãos.

Do Rei Azevinho e Rei do Carvalho até a bruxa Frau Perchta e o Krampus, creio que nenhum outro festival consiga invocar tanto medo e tanta alegria ao mesmo tempo. Contudo, possivelmente, nenhum mito do Yule foi tão difundido ao longo dos tempos quanto o da Caçada Selvagem. A Caçada Selvagem contagiou tanto do folclore que transcendeu a Europa Antiga e renasceu no mundo moderno dos contos de Natal.

A Caçada Selvagem de Odin

A Caçada Selvagem é um dos mitos mais conhecidos e incompreendidos das festividades de Yule. Acredita-se que sua origem seja germânica, mas há diversas versões dessa história por toda a Europa, cada uma com sua reviravolta única.

Em essência, a Caçada Selvagem era uma horda processional de espíritos, geralmente liderada por Odin, vagueando pelo céu noturno. Odin, nas costas de seu corcel de oito pernas, Sleipnir, guiaria a horda e, em sua passagem, estariam presentes sons de cascos se chocando, ventos furiosos se agitando e cães uivando. Em algumas versões do mito, a horda levaria consigo as almas dos pecadores; em outras, ela apanharia quem estivesse vagando pela noite e os depositaria a quilômetros de distância dos lugares onde foram originalmente apanhados.

Ao longo do tempo, a Caçada Selvagem se tornou menos selvagem. Acredita-se, inclusive, que o mito do Papai Noel esteja diretamente relacionado a Odin. O fato de a rena do famoso símbolo natalino ter oito pernas, uma vez que Sleipnir também tem esse número de patas, corrobora com a teoria. Outra questão é que tanto o Papai Noel quanto Odin presenteavam as pessoas e tinham anões ou elfos que faziam serviços para eles.

Tradições de Yuletide

A chama da fogueira e a luz das velas, as bengalas de açúcar e a neve caindo... aqui estão as festividades do Yule. Cada cultura tem suas tradições específicas de comemoração desse festival, muitas delas calcadas em tradições mais antigas, oriundas de raízes folk ou de um paganismo sagrado. Elas abrangem árvores de Natal, troncos de Yule, biscoitos, ramos de visco, corais e celebrações; não há escassez quando se chega ao fim do calendário e às vésperas do nascimento de um novo ano.

O ramo de visco é uma das minhas tradições favoritas. Todos conhecemos aquela história sobre dar um beijo debaixo de um ramo de visco, mas o que é menos conhecido é o fato de o visco ser utilizado há milhares de anos. Os gregos e os romanos, por exemplo, usavam-no com propósitos medicinais, abrangendo todo tipo de coisa, desde o alívio de cólicas menstruais, epilepsia, até envenenamento.

Os celtas, contudo, sempre associaram o visco ao romance. Ele é uma das poucas coisas que floresce nos meses de inverno — e os druidas acreditavam que isso fosse um sinal. Durante o primeiro século, os druidas acreditavam que o florescer de um visco congelado durante os meses mais severos de inverno era um símbolo secreto de virilidade e fertilidade.

Os nórdicos, por sua vez, também têm o seu folclore. De acordo com a mitologia, o filho de Odin, Baldr, teve sua morte profetizada. A mãe dele, Frigga, fez com que todas as plantas e animais do mundo fizessem um juramento de que jamais iriam feri-lo. Contudo, livrou o visco do julgamento por achá-lo muito pequeno e amável, fato percebido por Loki, um deus travesso, que esculpiu uma flecha com um ramo de visco e a usou para matar Baldr.

Com o tempo, o visco deixou de ser uma planta sagrada e se tornou uma decoração profana antes do século XVIII, sendo incorporada às celebrações natalinas por pagãos ao longo da história. De qualquer forma, ele é uma planta festiva que sempre nos lembra de prestar atenção na vida existente durante a morte do inverno.

Bolas de bruxa

As bolas de bruxa são esferas de vidro que as bruxas utilizam para se protegerem de doenças e de espíritos malignos. Durante o Yuletide, muitas lojas ficam lotadas de ornamentos de vidro cristalino que são perfeitos para que você confeccione sua própria bola de bruxa. Há múltiplas maneiras de fazê-la, mas todas elas trazem consigo o mesmo propósito. Nas tradições folk, por exemplo, elas são usadas para proteger os lares e os jardins de espíritos malignos ou de mau-olhado.

No livro *Traditional Witchcraft*, Gemma Gary escreve:

> Essas "bolhas" enormes de vidro espelhado costumam estar cheias de ervas de proteção e serem penduradas na janela. Há duas linhas de pensamento sobre como funcionam. Alguns dizem que elas repelem ou impedem uma maldição ou um espírito maligno de entrar na casa, enquanto outros dizem que os espíritos malignos são atraídos propositalmente à superfície refletora, por isso permanecem presos ali até serem destruídos pela luz do sol matinal, ou então serem removidos da janela junto à poeira que tenha se instalado sobre o globo de vidro.

Criar sua própria bola de bruxa durante o Yule é um dos projetos de bruxaria mais simples que você pode fazer (nós, bruxas econômicas, nos regozijamos!)! Você só precisará de alguns ornamentos de vidro transparente, ervas, cristais — se quiser — ou quaisquer outras ferramentas mágicas que desejar acrescentar.

As bolas de bruxa tradicionais costumam ser penduradas no parapeito da janela, colocadas sobre um altar ou enterradas em um jardim. Por outro lado, as bolas de bruxa modernas podem ser utilizadas para uma infinidade de propósitos, como comunicação, prosperidade ou saúde, e podem ser colocadas em qualquer lugar que você queira que tenha a energia potencializada. Na minha experiência, já encontrei bolas de bruxa em jardins ou na calçada em frente à casa com o intuito de promover a fertilidade da terra e garantir a proteção do local.

Confeccionar essas bolas é um bom exercício de intuição. Coloque todos os seus itens sobre um altar ou uma mesa e tente canalizar a energia da bola. Se estiver fazendo isso com a intenção de receber proteção, tente adicionar um pouco de pó de cascarilla (veja o apêndice). O pó de cascarilla é branco, então se assemelha à neve, o que é bastante interessante, levando em consideração ser temporada de Yule. Após todos os ingredientes terem sido adicionados ao recipiente, é o momento de selá-lo.

Há duas formas principais de se selar uma bola de bruxa: com cera quente ou com cola quente. Para realizar o método da cera, derreta um pouco de cera de sinete e mergulhe a ponta do seu ornamento dentro dela, cobrindo todas as partes de metal até que chegue ao vidro. Deixe esfriar. Em outro método, você pode usar uma pistola de cola quente para aplicar cola à tampa da bola de bruxa, tomando todo cuidado para que a cola não caia dentro dela. Não se esqueça de segurá-la no lugar até que a cola seque. Acrescente um laço ou um cordão para pendurá-la e sua bola de bruxa estará completa.

Norte: 2 de fevereiro
Sul: 1º de agosto

IMBOLC
O TERCEIRO FESTIVAL NO LADO ESCURO DA RODA DO ANO
Capítulo 11

"Se a Festa da Candelária for vibrante e ensolarada,
o inverno outra chance terá.
Se a Festa da Candelária for chuvosa e nublada,
o inverno partirá, para nunca mais voltar."
— Provérbio —

O Imbolc é o primeiro festival do fogo neste lado escuro da roda do ano. É uma data na qual começamos a reaver a luz da vida voltando à terra, conforme o sol vem crescendo rumo à primavera. O Imbolc é um dos quatro festivais celtas do Fogo (Samhain, Imbolc, Beltane e Lughnasadh) e celebra a volta da luz após a escuridão do inverno. Esse também é o período no qual a Deusa muda de forma — de Anciã ela se torna a Donzela.

Magicamente, o Imbolc não está associado ao Sol e ao Fogo, mas sim à vida, à água e à adivinhação. Ele é o intermédio entre o solstício de inverno e o equinócio de primavera. Contudo, esse festival é celebrado por vários dias e não é tão sensível ao tempo quanto o Samhain. Um festival de raízes celtas, acredita-se que o Imbolc tenha sido celebrado originalmente no dia 1º de fevereiro. Entretanto, ele foi deslocado para o dia 2, coincidindo com a celebração da Festa da Candelária, muito comum na Igreja Católica. Atualmente, o festival do Imbolc começa no que é conhecido como véspera de fevereiro, o dia 31 de janeiro, e assim ele segue até o dia 2 de fevereiro.

A etimologia da palavra Imbolc é um pouco complexa, mesmo que pareça simples. *Imbolc* é uma palavra irlandesa cuja tradução significa "dentro da barriga". Outras fontes acreditam que ela, na verdade, vem de uma palavra medieval mais antiga, *Oimelc*, que pode ser traduzida como "leite de ovelha". As duas traduções, contudo, dizem respeito a ovelhas, uma vez que, nessa época do ano, elas costumam estar prenhas. Levando em consideração que este é um feriado de fertilidade, não parece muito surpreendente que sua denominação e suas origens reflitam isso. Aliás,, embora acabemos dando crédito ao povo celta pelo surgimento do Imbolc, há fontes que dizem que os povos indígenas da Irlanda tenham celebrado esse dia primeiro.

Dia de Santa Brígida

Nos dias de hoje, os irlandeses ainda celebram o Imbolc anualmente, embora ele receba o nome de Dia de Santa Brígida. Ainda que mantenha muito de suas origens pagãs, o Dia de Santa Brígida se tornou um feriado católico em honra à santa padroeira da Irlanda, Brígida de Kildare.

Brígida nasceu em County Kildare, Irlanda, em 450. Acredita-se que sua mãe se chamasse Brocca, uma escravizada de Pictos que se tornou cristã após ter sido batizada por São Patrício. O pai de Brígida era um pagão de Leinster, mas isso não mudou o seu status, por haver nascido na escravidão. Atribui-se a ela a conversão de diversos templos druidas da Irlanda em monastérios católicos. Ao longo de sua vida, Brígida realizou diversos milagres que a elevaram à condição de santidade, por exemplo, transformar água em cerveja e curar duas irmãs mudas ao tocá-las e passar um pouco de seu sangue nelas após ter sofrido um ferimento. (Já que ela é uma santa irlandesa, é claro que ela tem que ser capaz de transformar água em cerveja.)

É mais popular, contudo, que o Imbolc seja associado à deusa Brigid. Isso tem aparecido nos últimos anos, uma vez que a igreja católica converteu o festival no Dia de Santa Brígida. A deusa Brigid era especialmente importante para o povo celta durante a última fase do inverno. Brigid não só era a deusa do nascimento e da cura, mas também a deusa do lar e do fogo. Durante o Imbolc, acredita-se que sua luz ajude a remover a escuridão do inverno e a rejuvenescer a terra com o calor e a luminosidade do sol.

Conforme o festival se tornou popular na Grã Bretanha, tradições como confeccionar a cruz de Brigid ou fazer bonecas de palha ganharam muita popularidade. A cruz de Brigid, uma tradição irlandesa, é uma cruz de três ou quatro lados feita de junco trançado. Essas cruzes devem ser penduradas sobre portas ou janelas para proteção e para receber a deusa Brigid dentro do próprio lar.

Muitos acadêmicos se perguntam se a Santa Brígida foi uma pessoa real ou apenas uma cristianização da deusa celta Brigid. Algumas pessoas acreditam que essa sobreposição da pessoa e da deusa ocorreu após a morte dela, tornando mais fácil a conversão da população pagã da Irlanda ao cristianismo.

Frigga, deusas e deuses

Para muitas pessoas, Brigid personifica o espírito do Imbolc. Contudo, para muitos pagãos, quem domina essa temporada é Frigga. Se pensarmos de maneira mundana, o início de fevereiro traz consigo muito amor, luxúria (que pode vir a se tornar um bebê) e muito tempo passado entre quatro paredes para fugir do frio. Frigga era uma deusa que tinha muitas atribuições, mas ela é muito mais conhecida por ser a esposa de Odin, a Rainha de Aesir, a deusa da fertilidade, do casamento, do fogo e do lar. Essencialmente, todas as coisas associadas a Frigga são temas do Imbolc.

Embora as deidades mais populares das celebrações de Imbolc sejam as deusas Brigid e Frigga, todos os deuses e deusas do amor e da fertilidade devem ser idolatrados nessa época do ano. O Imbolc traz consigo os primeiros pensamentos da fertilidade da terra e a possibilidade da primavera no horizonte. Assim como a maioria das culturas profanas celebra o amor nesta época do ano, as deidades seguem a mesma linha.

Contudo, para o feriado específico, além da generalização da figura do "Senhor e da Senhora" e da deusa Brigid, não há muitos outros deuses e deusas escolhidos para o festival. Claro que há outros feriados que podem ser associados ao Imbolc, ou possam ser sobrepostos de alguma forma ou maneira, mas o Imbolc é, em essência, um feriado originalmente celta cujo foco é se despedir do frio e das trevas do inverno e dar as boas-vindas à luz e à fertilidade do sol.

Festival da recuperação e da renovação

O Imbolc é a época perfeita para renovar sua devoção à Arte e aos seus deuses. Embora comecemos o nosso ano da bruxa no outono, com o Samhain, a maioria de nós não começou o nosso caminho naquele dia. Se você for como eu, provavelmente não marcou em um calendário a primeira vez que leu um livro sobre Wicca, paganismo, ou bruxaria e decidiu "Ei, talvez isso seja para mim". Embora eu saiba que eu talvez tenha começado por volta de 2001, eu dificilmente conseguiria marcar uma data comemorativa desse evento.

Portanto, optar por colocar esse ritual de aniversário durante o Imbolc foi algo muito natural para mim. No momento em que comecei a fazer isso, eu estava vivendo no noroeste de Montana. O inverno lá é geralmente muito longo e difícil, por isso eu tinha a possibilidade de refletir sobre mim mesma, minhas práticas e o futuro. Durante esse período do ano, a maioria dos lugares no hemisfério norte está no limiar da primavera. A luz está voltando após meses de frio e sombras! A terra está mais uma vez prenha de magia e com a possibilidade de uma nova vida. É um momento muito especial no qual podemos personificar esta luz e tirar esse tempo para apreciá-la dentro de nós e dentro de nossa bruxaria. Este pequeno ritual foi feito pensando em todas as pessoas, pois, independentemente de ter sido iniciada formalmente, convidada para integrar um coven, ou realizar a prática de forma solitária, um dia você se comprometeu consigo mesma e decidiu continuar seguindo o seu caminho na bruxaria.

Relembrando o momento quando comecei a realizar este ritual, e eu o fazia de maneira solitária (embora, às vezes, estivesse em grupo), eu estaria mentindo para você se dissesse que sabia o que estava fazendo. A coisa mais importante de se lembrar ao realizá-lo é sobre o seu compromisso consigo mesma. O comprometimento que fizemos como pagãos e bruxas antes de encontrarmos um deus ou uma deusa à qual nos dedicarmos é o mais importante de todos. Além disso, se o que estiver escrito não lhe parecer certo, mude o texto até que se encaixe. Ler a forma como outras pessoas iniciam os próprios rituais é importante pois pode dar uma estrutura base para criar os seus próprios rituais. Por isso, caso o que eu tenha escrito não dialogue com você, substitua por algo que o faça.

No entanto, algumas bruxas iniciantes chegam a um ponto em que percebem que não querem mais, ou não conseguem mais, continuar atuando de forma solitária a fim de se desenvolverem espiritualmente. Em algum momento, todos nós precisamos nos diversificar um pouco. Se você desejar fazer rituais e feitiços em grupo, encontrar um coven talvez seja a próxima etapa da sua jornada. Descobri que o melhor lugar para encontrar mais bruxas é ir a locais onde elas se reúnem — lojas esotéricas, lugares que vendem cristais, apresentações de tambores ou concertos. Quando estiver lá, tente ser expansivo, converse com as pessoas, *envolva-se*. Algumas lojas mantêm uma lista de eventos que eles próprios, ou outras pessoas, organizam. Ao participar desses eventos e fazer o seu networking, você conseguirá cultivar amizades significativas e duradouras com outras bruxas ou bruxos.

Ritual de autoiniciação e renovação

Assim como a terra está dando as boas-vindas à luz da vida, pegaremos nossa deixa da natureza e receberemos essa mesma energia nas nossas vidas e nos nossos lares. Alguns dias antes do Imbolc, você construirá um altar para essa cerimônia; ele pode ser feito dentro de casa, voltado para uma janela do lado leste, ou ao ar livre. Reúna os seguintes itens:

2 velas vermelhas
2 velas laranjas
2 velas brancas
1 caldeirão
Sal
Álcool líquido
Flores frescas
Sua comida ou sua bebida favorita
Um caderno e uma caneta
Um jogo de velas lamparinas sem aroma

Organize as velas coloridas em um semicírculo. No centro desse arco composto pelas velas, coloque seu caldeirão, o sal e o álcool. Então coloque suas flores, a comida e a bebida e posicione a caneta da forma que mais lhe agradar. As velas lamparinas não precisam ser colocadas no altar, mas deixe-as por perto. Elas serão utilizadas durante o ritual.

No primeiro dia de Imbolc, gosto de reverenciar os meus deuses; no segundo dia, recordo todo o meu caminho na bruxaria; e, no terceiro, comemoro. Tradicionalmente, esse ritual deveria ser realizado no dia 1º de fevereiro, ao nascer do sol ou enquanto ele estiver alto no céu.

Acenda uma vela lamparina em cada cômodo da sua casa, menos nos corredores. Comece no extremo leste de cada quarto, acendendo as velas em locais seguros. Repita o processo, em sentido horário, por toda a casa, dando as boas-vindas ao sol e suas bênçãos, trazendo-o para dentro do seu lar.

Quando tiver completado todo o trajeto, comece o seu trabalho no ar. Este não é um ritual voltado para fazer pedidos, ou que envolva deuses e ancestrais, mas, caso você sinta a intuição de recebê-los nesse espaço com você, invoque-os. Afinal de contas, você está escolhendo compartilhar sua vida espiritual com eles.

Agora, acenda as velas coloridas em semicírculo no altar, da esquerda para a direita, enquanto recita a seguinte frase:

Da escuridão à luz,
E da luz à noite,
Renove e restaure
Com isso, eu transbordo.

Uma vez que todas as velas estejam acesas, prepare o fogo eterno presente em nossos corações. Despeje dois centímetros de sal no seu caldeirão, derramando um pouco do álcool no topo dele até que o sal esteja saturado. Reserve-os. Quando se sentir preparada, segure uma das velas e toque a chama dela suavemente dentro do sal no caldeirão. Ela incendiará o álcool e criará uma pequena fogueira.

Conforme o fogo arde, visualize sua intenção e toda a dedicação reservada à sua Arte. O que a atraiu para esse caminho? O que a mantém aqui? Como você pretende continuar sua evolução espiritual no ano seguinte?

Pegue o caderno e a caneta e escreva frases que comecem com "Eu vou". Com o passar dos anos, você conseguirá revisitar os "Eu vou" dos anos anteriores e ver quantos você foi capaz de alcançar. (Ano passado, por exemplo, escrevi: "Eu vou escrever um livro".)

Assim que tiver terminado de listar os seus desejos, olhe para o fogo e canalize sua energia. Leia a sua lista em voz alta por três vezes. Da primeira vez, leia para si mesma. Da segunda, leia para a sua sombra (mais detalhes nos próximos capítulos). E, da terceira e última vez, leia para o seu espírito. Permita que as palavras penetrem lentamente em cada nível de consciência, manifestando sua força e o seu desejo de estabelecer mudanças.

Ao se aproximar do encerramento do ritual, foque sua atenção na comida ou na bebida que você trouxe para a oferenda. É você que irá recebê-la. Participe desse momento de autoindulgência, sabendo que, ao receber uma oferenda de si mesma, você estará selando um pacto para enfrentar o próximo ano de cabeça erguida, pronta para cumprir todas as suas metas.

Norte: 21 ou 22 de março
Sul: 21 ou 22 de setembro (Primavera)

TEMPERANCE ALDEN
BRUXA INTUITIVA
DARKSIDE

OSTARA
O QUARTO FESTIVAL NO LADO ESCURO DA RODA DO ANO
Capítulo 12

> "Podem cortar todas as flores,
> mas não deterão a primavera."
> — Pablo Neruda —

A luz e a sombra se encontram duas vezes ao ano. Na Ostara, equinócio de primavera, a duração do dia e da noite são iguais. A palavra *equinócio* deriva de duas palavras em latim: *aequus*, "igual", e *nox*, "noite".

Embora seja de origem romana, o festival de Ostara é anterior ao cristianismo e à Wicca. Acredita-se que tenha sido estabelecido pelo imperador Júlio César para marcar o início do ano tropical. Ao contrário do que afirma a crença popular, embora Páscoa e Ostara tenham suas semelhanças, eles não são a mesma coisa. A Páscoa é celebrada no primeiro domingo depois da primeira lua cheia, seguindo o equinócio de primavera. É por isso que ela sempre ocorre no fim de março ou no início de abril. Em geral, as celebrações religiosas pascoais não têm relação com as tradições profanas envolvendo ovos de chocolate e coelhos, símbolos muito associados ao feriado hoje em dia.

Quanto a Ostara, ele é um festival que ocorre no mundo todo com diversas variações. O equinócio de primavera simboliza o renascimento, o ressurgimento e a ressurreição, já que é o último festival no lado escuro da roda do ano. As temperaturas mais quentes também ajudam a aumentar a fertilidade, por isso, essa é uma ótima época para plantar as sementes da magia do amor. Se sair e olhar para fora, você verá que a própria terra está fértil, prenha com a possibilidade da vida prestes a brotar do solo. Algumas tradições wiccanas pregam que é na Ostara que ocorre a união da Deusa e do Deus.

Ao longo da história europeia, e até mesmo mundial, era comum dar rebanhos a um casal para encorajar e estimular a fertilidade dentro do casamento.

Deidades de Ostara

A primavera traz consigo uma porção de deuses e deusas deixando o inverno para trás e rejuvenescendo a terra com vida! Múltiplas deidades são veneradas em todas as culturas, mas listo a seguir algumas das mais populares:

- **Eostre:** O festival Ostara recebe esse nome em homenagem à deusa anglo-saxã da primavera, Seostara ou Eostre. Ainda que ela tenha esse feriado em sua homenagem, não se sabe muito sobre essa deusa.
- **Pã:** Ostara traz consigo o Deus Cornífero em uma nova forma — Pã. Ele é o deus da natureza e da vida selvagem. Pã também ajuda a primavera a despertar por meio de suas canções, acordando os animais sonolentos da natureza selvagem.
- **Deusa Tríplice:** Ao observarmos os deuses e as deusas de Ostara, tendemos a notar diversos aspectos que remetem à Deusa Tríplice, principalmente quando ela está na forma da Donzela. Isso se refere a qualquer deusa tríplice, não a uma deusa específica.
- **Perséfone (Koré):** Na mitologia grega, Perséfone também está ligada a Eostre, conforme as flores e os pássaros começam a retornar à terra após o hiato do inverno. Também podemos encontrar Deméter, que está cuidando de sua filha Perséfone após esta ter passado tanto tempo no submundo.

Limpeza de primavera

Não é coincidência que tenhamos uma tradição de primavera relacionada à limpeza. Como o último festival no lado escuro da roda do ano, Ostara simboliza o limiar da nova estação de vida da natureza. Sendo assim, não só nossos espaços físicos estão empoeirados após o inverno, como também nossos espaços mentais. Na primavera, e especialmente em Ostara, é que nos voltamos para nós mesmos com o intuito de restabelecer o equilíbrio de nossos espaços físicos e espirituais.

A maioria de nós conhece a teoria de Marie Kondo sobre como, livrando-nos do excesso, podemos "limpar" nossas vidas. Essa é uma prática física que afeta profundamente o nosso bem-estar espiritual. Limpar, organizar e nos livrarmos de tudo que pode ser excessivo é algo que nos permite respirar, permitindo-nos decidir a que coisas devemos devotar energia diariamente. Temos a escolha de ter muitas coisas ou só algumas coisas. Contudo, quando temos coisas demais, a acumulação física pode ser um reflexo direto da nossa acumulação interna. Este é um daqueles conceitos básicos que você encontra em qualquer livro de autoajuda, mas que realmente é verdadeiro. Somos nós que controlamos os nossos bens materiais ou são eles que nos controlam?

Se você achar que as coisas acabaram saindo um pouco do seu controle, não se preocupe. É só seguir o processo básico de limpeza a seguir. Lembre-se: você não está se desapegando dos excessos apenas para abrir mais espaço na sua casa; você está se desapegando deles para permitir que a evolução espiritual e a energia sejam capazes de fluir através do seu espaço.

Limpeza de primavera e ritual de desapego

Eu serei a primeira pessoa a admitir que sim, eu sou um pouco acumuladora. Já tentei de tudo para ser mais organizada, mas, mesmo assim, me encontro em um mar de caos cotidianamente. Isso soa familiar? Se sim, isto aqui é para você!

Você precisará de:

    1 vela branca de sete dias
    Sacos de lixo grandes
    Vassoura
    Esfregão
    Água Florida (veja mais no Apêndice do livro)
    Sal
    Algumas horas livres

Comece por acender a vela e colocá-la no seu altar de trabalho. Peça aos poderes superiores que lhe deem paz para começar a tarefa a seguir. Deixe a vela queimar o máximo possível.

Tire alguns momentos para meditar e se centrar. Reflita e descubra que área do seu mundo físico mais lhe traz estresse. Quando se sentir conectada, pegue os sacos de lixo e vá até o local.

Coloque tudo (exceto os móveis e itens que sejam totalmente necessários para o seu dia a dia) nos sacos e depois leve-os para um armário ou um quarto fechado.

Com a vassoura, varra em movimentos horários, limpando a sujeira daquele cômodo e jogando-a para fora pela porta da frente.

Em seguida, prepare o seu esfregão colocando uma pitada de sal, uma quantidade generosa de ervas purificadoras ou um pouco de água Florida dentro de um balde com água fria. Então esfregue o chão em movimentos anti-horários. Deixe que o piso seque.

Não mexa nos sacos de lixo até que a vela de sete dias tenha queimado por inteiro (ou espere sete dias e a apague). Isso permitirá que você tenha clareza e espaço para se desapegar e recomeçar.

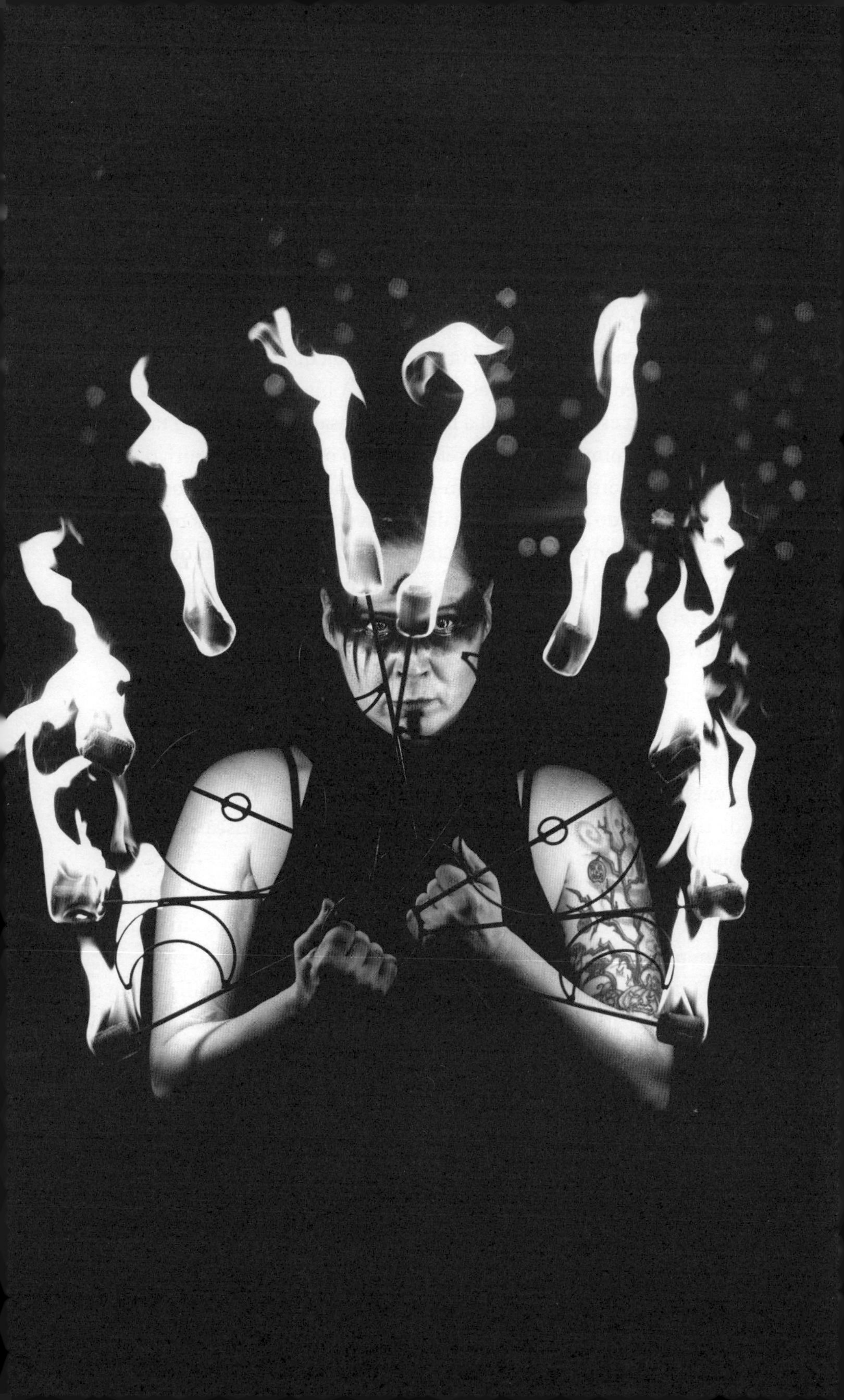

Ovos de Páscoa

A pintura de ovos de Páscoa é uma tradição mundana muito popular que, provavelmente, acabamos realizando em algum momento de nossas vidas. Na Idade Média, os europeus começaram com o costume de decorar ovos e dá-los de presente após a missa de Páscoa do domingo. Esses ovos eram comidos para quebrar o jejum da quaresma, algo que ocorre ainda hoje em muitas partes da Europa. A intenção por trás da pintura dos ovos era estimular o sol a brilhar intensamente, por isso tantos desses ovos são pintados de amarelo. Eles são o símbolo definitivo da fertilidade e do potencial, referindo-se ao momento em que estamos saindo da escuridão do inverno e a luz da primavera está logo ali, à nossa espera.

Independentemente de suas verdadeiras origens, o que sabemos sobre a decoração dos ovos é que ela continua sendo uma atividade central nas tradições modernas de Páscoa. Por que não aproveitar e se divertir com isso também?

Ovos de Ostara

Há diversas maneiras de pintar ovos, mas a melhor forma de fomentar a energia da fertilidade é optar por utilizar elementos naturais em vez de tintas sintéticas. Se você estiver disposta a se arriscar, há múltiplas plantas capazes de tingir ovos lindamente.

Ao selecionar os materiais para pintura natural de ovos, é melhor escolher produtos frescos ou congelados. Vegetais e frutas em lata costumam perder muito de suas cores e não são muito agradáveis.

Quando utilizamos tintas naturais, é mais fácil cozinhar os ovos e o material para tingi-los ao mesmo tempo. Portanto, cozinhe os ovos como você costuma fazer e depois reserve-os. Coloque-os em um pote hermético ou em uma tigela. Após terminar a sua tintura, coloque o líquido no recipiente junto aos ovos e deixe que descanse por algumas horas. Adicionar um pouco de vinagre à água ajudará a intensificar a cor. Remova os ovos do líquido e coloque-os para secar.

Você pode deixar os ovos secando em temperatura ambiente por quanto tempo achar necessário.

(Nota: Ovos vermelhos precisam ser fervidos com muita casca de cebola e vinagre, e talvez demore mais para a tinta fixar.)

Quando tingimos nossos ovos com produtos naturais, eles têm cores menos vibrantes e lustrosas, diferentemente de como ficariam se pintados com tintas artificiais.

Listo a seguir alguns ingredientes que descobri serem capazes de tingir ovos usando cores naturais. Alguns funcionam melhor que outros, mas consegui, de forma muito bem-sucedida (e praticamente acidental), criar várias cores usando os seguintes ingredientes:

- **Vermelho:** pele de cebolas, beterrabas, cerejas-da-virgínia, framboesas
- **Cor de rosa:** beterrabas, oxicocos, cerejas
- **Laranja:** pele de cebolas, cenouras
- **Amarelo:** açafrão, cominho, cúrcuma, chá de camomila
- **Verde:** espinafres
- **Azul:** mirtilos, repolhos roxos, jacintos, chá de flor de ervilha
- **Roxo:** vinho

No entanto, ainda não acabou: é hora de decorar os ovos utilizando tinta ou uma caneta para fazer os desenhos. Uma vez que você tenha terminado de decorá-los, cubra-os com um pouco de óleo vegetal, a fim de que adquiram um brilho especial.

O momento de nos comprometermos outra vez com os nossos propósitos

Ostara é um momento único no ano em que estamos saindo da dormência do inverno, mas ainda não estamos totalmente aptos para adentrarmos os estágios ativos da primavera e do verão. Não sei dizer por quê, mas eu sinto certa aversão à luz de abril e sinto que a Terra me parece radiante, barulhenta e animada demais. Talvez uma parte de mim gostaria que ainda estivéssemos no outono, ou talvez seja apenas de um pouquinho de depressão sazonal. De qualquer forma, descobri que, durante esse período, costumo ter dificuldades para manter a motivação de trabalhar com as metas que impus a mim mesma durante o Imbolc. Em resumo, nessa época do ano eu fico preguiçosa.

Por isso, criei um feitiço antipreguiça justamente para esse tipo de problema. Seguir uma série de passos é algo bastante similar à formação de um novo hábito. Não podemos nos focar e trabalhar nos nossos problemas a menos que sejamos capazes de identificá-los. Ao nos permitirmos, de maneira objetiva, enxergar o que está funcionando e o que não está funcionando, podemos nos energizar e manter esse poder sobre a nossa realidade.

Ritual de banimento de poeira
(ou: um ritual para iniciar um novo hábito)

Este ritual é perfeito caso você esteja sentindo que perdeu o rumo de seus objetivos ou até mesmo o ímpeto para realizar as coisas que você deseja. Ele ajudará a apertar o botão *reset* e voltar ao seu Eu focado, com energia e perspectiva, funcionando como uma espécie de antídoto para aquela baixa após as resoluções não concretizadas de Ano-Novo.

Você precisará reunir alguns itens básicos para começar:

 1 talismã que você carregará consigo todos os dias
 1 caderno e uma caneta
 1 vela de sete dias

Um talismã é uma joia ou qualquer outro tipo de adorno utilizado em feitiços de proteção ou para trazer boa sorte e fortuna. Ele não precisa ser um símbolo pagão caso você não tenha se assumido publicamente como bruxa ou trabalhe em algum lugar que tenha um código de vestimenta muito rígido. Pessoalmente, eu gosto de usar pulseiras de berloques com pingentes de amuletos. Elas são bastante discretas para o dia a dia, não suscitam questionamentos de terceiros, são acessíveis e têm várias opções de acessórios para qualquer tipo de feitiço que eu escolha.

Para entrar no clima, acenda a sua vela de sete dias e invoque os elementos, os espíritos, os deuses e as deusas, ou os guias que você gostaria que estivessem presentes com você no seu caminho. Não chame alguém a menos que você deseje trabalhar com essa deidade continuamente pelas próximas semanas.

Pegue o seu caderno e a sua caneta, sente-se e anote rapidamente como costuma ser o seu dia. Comece do momento em que você acorda e vá até o momento em que se deita para dormir — escreva tudo que faz e o modo como costuma fazer essas coisas.

Depois, analise a lista e marque que áreas da sua vida você precisa melhorar. Qual delas é mais fácil de manejar no momento? Circule um dos itens na lista de mudanças que deseja fazer. (Dica: Não escolha o maior problema na sua lista, porque provavelmente não será possível melhorá-lo no momento.)

Anote a sequência de eventos na qual esse problema ou comportamento costuma ocorrer. Em seguida, escreva a sequência de eventos que você gostaria que acontecesse, mudando o processo.

Seja qual for o seu padrão, escreva-o em uma nova folha de papel. Como bônus, desenhe um sigilo, pois ele pode ajudar a energizar o seu novo ritual diário e a manter a motivação nesses primeiros dias. Os sigilos são pequenos símbolos feitos por uma bruxa ou um ocultista com a intenção de personificar um feitiço ou uma manifestação específica.

Uma vez que você tenha definido seu padrão (ou sigilo), deixe o papel e o talismã próximos à vela de sete dias, para que sejam energizados. Deixe a vela queimando e volte a ela todos os dias, até que ela queime por inteiro.

Com a passagem de cada dia, avalie o que está funcionando no seu novo padrão e o que não está.

A razão pela qual optamos em deixar o talismã com a vela acesa é porque estamos criando um novo ritual para substituir um ritual falho, e isso raramente funciona da primeira vez. Permita-se voltar à vela por alguns minutos a cada dia e ser honesta sobre o seu progresso e o que talvez precise de correção.

Ao fim do sétimo dia (ou de quanto tempo levar para a vela queimar até o fim), pegue o seu talismã e se prepare para "banir a poeira". Selecione alguns ótimos produtos e utensílios de limpeza e literalmente tire o pó de todas as superfícies da sua casa, focando-se na sua intenção de continuar com os seus novos objetivos e os seus novos rituais diariamente.

Norte: 1º de maio
Sul: 31 de outubro

TEMPERANCE ALDEN
BRUXA INTUITIVA
DARKSIDE

BELTANE
O PRIMEIRO FESTIVAL NO LADO CLARO DA RODA DO ANO
Capítulo 13

> "Há diversas maneiras de se interpretar o significado da palavra 'fertilidade'. Na verdade, 'criatividade', um termo muito mais abrangente, seria uma escolha muito melhor de palavra. Entretanto, nós gostamos de honrar o nosso passado, então a maioria de nós escolhe dizer 'fertilidade' mesmo que não tenhamos cultivado nenhuma plantação ou não desejemos formar uma família."
> — Ashleen O'Gaea, *Celebrating the Seasons of Life: Beltane to Mabon* —

O Beltane é um festival do fogo e inicia o lado claro da roda do ano. Os quatro festivais escuros — Samhain, Yule, Imbolc e Ostara — já passaram, e agora é tempo de dar as boas-vindas à luz do sol e à nova vida. Assim como a maioria dos feriados desse lado do ano, o Beltane é, sobretudo, um festival da fertilidade.

O mastro, os puritanos e a perseverança

O mastro, ou *maypole*, é um exemplo categórico da fertilidade do Beltane, pois representa as novas vegetações e seu crescimento — e a celebração que ocorre ao redor dele é um símbolo da nossa alegria com o retorno da vida, entre outras coisas. Alguns historiadores acreditam que a prática de dançar ao redor do mastro data de tempos pré-históricos. Acredita-se, inclusive, que algumas artes rupestres encontradas na Escandinávia retratem o casamento sagrado do Deus e da Deusa — representado por humanos — durante a primavera com o propósito de fertilizar a terra e encorajar o crescimento da vegetação.

De acordo com Michael Howard, autor de *The Sacred Ring: Pagan Origins of British Folk Festivals and Customs*, algumas das mais antigas referências europeias ao mastro vêm do século XIV, dos trabalhos de um bardo desconhecido. Essas histórias se referem à criação dos mastros de bétula. Isso está ligado à dança de Morris, uma dança folclórica inglesa na qual se usavam guirlandas com colheres de prata, relógios, canecas, símbolos do sol, das estrelas e da lua pendurados. Se isso soa familiar, é porque cenas semelhantes a essa são encontradas no naipe de paus do baralho de tarô Rider-Waite-Smith.

No século XVI, um vigário londrino ordenou que o mastro da cidade fosse cortado porque, do ponto de vista dele, o objeto funcionava como um símbolo de idolatria. Na época, a Inglaterra estava dividida entre a monarquia e a república, e os mastros foram considerados ilegais pelo líder puritano Oliver Cromwell. O puritanismo era bastante popular naquele momento, então todo o conceito envolvendo o mastro era considerado uma abominação bárbara. Enquanto esteve no poder, Cromwell proibiu a Festa dos Mastros com tanto extremismo que ele chegou a enviar soldados para abordarem pessoas que continuassem exercendo a tradição de forma privada. Contudo, o povo, sendo mais esperto que o tirano puritano do momento, costumava esconder seus mastros sob o beiral do telhado de suas casas, onde os soldados não podiam encontrá-los.

Após o domínio de Cromwell, a monarquia e o mastro foram reinstituídos. Aliás, Carlos II passou por um mastro rumo à sua coroação, pois ele era o ponto principal das celebrações dos povos de Londres e Westminster.

Historicamente, algumas pessoas o utilizavam como árvores inteiras, decorando-as de maneira muito similar às árvores de Natal. Outros povos usavam apenas os mastros, geralmente feitos de bétula ou freixo, árvores que carregam consigo grande significado espiritual. A bétula é a árvore sagrada da Deusa e representa fertilidade e novos começos, enquanto o freixo é também conhecido como a Árvore do Mundo na mitologia nórdica.

Fogueiras de Beltane

O Beltane é um dos quatro festivais gaélicos do fogo e o sabá mais associado às fogueiras. No livro *Religious Holidays and Calendars*, a editora Karen Bellenir escreve: "Dependendo das preferências das pessoas conduzindo a cerimônia, a fogueira de Beltane pode ser conduzida na Noite de Santa Valburga, ou Walpurgisnacht (véspera de maio) ou no próprio Beltane (Primeiro de Maio). Tradicionalmente, a fogueira de Beltane contém ramos de nove tipos diferentes de madeira escolhidos por seus simbolismos e atributos". Que madeiras são essas é algo que não sabemos com certeza (elas mudam dependendo da região), contudo, Pauline e Dan Campanelli, no livro *Wheel of the Year*, fizeram uma lista das espécies que devem ser colhidas em março para que tenham tempo suficiente para secarem até o Beltane:

- macieira
- bétula
- flamboiã
- parreira
- estrepeiro
- aveleira
- carvalho
- sorveira-brava
- salgueiro

Essas fogueiras sagradas de Beltane têm sido usadas historicamente para rituais comunitários e para atrair sorte. Na obra *The Stations of the Sun*, Ronald Hutton explica:

A referência mais antiga ao Beltane está provavelmente no <u>Sanas Cormaic</u>, um glossário irlandês medieval... Na entrada intitulada como "Beltane", nos textos que sobreviveram à passagem do tempo, encontramos "fogueira da sorte, ou seja, duas fogueiras que os druidas usavam para realizar encantamentos e utilizavam anualmente para evitar que o gado adoecesse". Na margem de um dos textos há a seguinte adição: "eles costumavam fazer com que o gado passasse entre elas".

Hutton continua:

As chamas que ardiam na véspera ou no dia de Beltane também eram usadas para abençoar e proteger os humanos, que pulavam sobre elas. A melhor descrição desse costume muito presente em distritos campestres foi apresentada, em 1852, por Sir William Wilde:

...Se um homem estivesse prestes a desempenhar uma longa jornada, ele deveria pular, para a frente e para trás, três vezes através das chamas, a fim de que viesse a ter sucesso em sua empreitada. Se ele estivesse prestes a se casar, ele deveria se purificar para adentrar o estado marital. Se estivesse prestes a se envolver em uma situação perigosa, ele deveria atravessar o fogo para se tornar invulnerável. Conforme o fogo queimava mais baixo, as garotas cruzavam-no para procurar por bons maridos; as mulheres grávidas eram vistas passando através dele para garantir um parto saudável; e as crianças também eram carregadas pelas cinzas ardentes. No fim, as brasas restantes eram jogadas sobre as colheitas para protegê-las, enquanto cada morador carregava um *punhado delas consigo para acender uma nova fogueira na lareira de suas casas (Sir William R. Wilde, <u>Irish Popular Superstitions</u> [Dublin, 1852], 39-40, 47-49).*

Em sua forma moderna, as fogueiras de Beltane e seus festivais existem para celebrar a alegria de viver e de se estar vivo. Em *Celebrating the Seasons of Life: Beltane to Mabon*, Ashleen O'Gaea nos relembra que uma das características da energia solar é a capacidade de fertilizar e estimular o crescimento. Por isso, as grandes fogueiras no início do verão representam o calor criativo e a luz presente na fertilidade de todos os tipos, desde o fogo que sentimos nas nossas entranhas até as fogueiras forjadas e as chamas da inspiração poética.

Cerimônia de libertação

As fogueiras são catárticas, fonte de vida e de alívio. Nos meus anos de ensino médio, eu frequentava um colégio interno na zona rural de Montana. Uma vez ao ano, todo o corpo estudantil comparecia ao que chamávamos de "cerimônia do fogo". Ela costumava ocorrer no fim da primavera ou começo do verão, entre maio e julho. Durante a cerimônia, os alunos deveriam trazer cartas que tivessem escrito, fotos ou itens que contivessem memórias dolorosas ou tóxicas. Uma por uma, as pessoas deveriam se levantar e explicar o que elas estavam queimando, o porquê de o fazerem, e que resultado elas esperavam obter disso.

Na época, eu estava lidando com o luto da morte do meu pai. Tinha escrito uma carta para ele; então, quando foi a minha vez de me levantar, eu disse algo do tipo, "Escrevi esta carta para o meu pai com a intenção de dizer como me sinto sobre a morte dele. Não vou permitir mais que esta dor me controle". Foi nesse momento que reivindiquei minha narrativa sobre quem eu era e o que eu faria da minha vida.

Eu era a filha única de uma família nuclear que vivia afastada do restante. Perdi meus dois genitores entre os 10 e os 13 anos de maneira bastante repentina. Dali, fui enviada para um colégio interno, fora das vistas e das mentes dos meus outros familiares que não queriam (ou não tinham como) me acolher. Por isso, eu remoí sentimentos de raiva, dor e amargura por anos. Permiti que me consumissem. Adotei um ponto de vista pessimista com relação ao mundo e passei a desconfiar das pessoas.

Quando estive nessa cerimônia do fogo, eu soube que precisava me livrar dessas coisas. Eu não sabia como seria ou como funcionaria a longo prazo, mas eu tinha a certeza de que não podia me permitir continuar vivendo no papel de vítima. Então decidi arquitetar este plano de identificar, distinguir e, de forma construtiva, remover comportamentos e traços de personalidade nocivos.

Você precisará de:

> Uma grande fonte de fogo (preferencialmente feita em um buraco no chão ou em uma fogueira)
> Caneta
> Papel

A primeira parte do ritual é planejar. Concentre-se no seu corpo e se volte para o seu interior. Pense sobre todas as partes da sua personalidade que já não lhe servem. Essa é uma ótima prática para começar com algo que é passível de mudança, em vez de um hábito que, talvez, você tenha exercido por toda a sua vida. Você pode começar por coisas como "eu sempre me inferiorizo diante dos outros", ou "eu permito que as pessoas me tratem mal". Seja qual for esse traço de personalidade, escreva-o no topo da página. Se você tiver dificuldade para encontrar alguma coisa, converse com um amigo. (Nós, humanos, não somos ilhas; às vezes, a melhor forma de descobrir um problema é com a ajuda de um amigo!)

Em seguida, escreva uma carta para você mesma como se estivesse aconselhando um melhor amigo. Como você conversaria com essa pessoa? Como você a guiaria? Se esse amigo está constantemente se botando para baixo, como você arranjaria espaço para acolher a dor dele ao mesmo tempo que deixa aberta a porta para a cura?

Uma vez que a carta tenha sido escrita, acenda a fogueira. Acredito que esse exercício funcione melhor em grupo, pois existe algo curativo sobre se permitir ser vulnerável com alguém ou em um grupo de pessoas nas quais você confia. Isso permite que essas pessoas apoiem você e a responsabilizem pelas suas decisões, e que você possa ofertar o mesmo em troca.

Então, estando sozinha ou em um grupo, caminhe ao redor da fogueira em um círculo, andando em sentido anti-horário conforme lê a carta em voz alta. Ao terminar, diga as seguintes palavras: "Isso não tem mais controle sobre mim. Como uma fênix, eu retornarei". E jogue a sua carta no fogo. Se estiver em um grupo, encoraje os outros a fazerem o mesmo processo. Após, sente-se em silêncio e medite sobre o acontecido.

Para finalizar, ao retornar à sua casa, escreva sobre sua experiência no seu diário e anote como se sentiu sobre ela. Revisite esse registro uma vez por semana durante um mês. O quão longe você chegou de se libertar dessa antiga narrativa?

Bel

A etimologia da palavra *Beltane*, como a de muitos desses feriados, está envolta em uma dose de mistério. Acredita-se que sua origem seja gaélica-escocesa, derivada da palavra *Bealltainn*, que significa "Primeiro de Maio". Essa palavra, por sua vez, vem da raiz *bhel*, que significa "brilhar, reluzir, ou queimar", junto ao irlandês antigo *ten*, que pode ser traduzido como "fogo". Outros sugerem que a palavra se origina, na verdade, do deus proto-celta Balor.

O deus Bel, ou Balor, era conhecido como "o brilhante", já que o prefixo *bel*, em celta, pode ser traduzido como "brilhante" ou "afortunado". Alguns acreditam que Bel tenha sido um deus do Sol, enquanto outros historiadores argumentam que antigos clãs celtas viam o sol sob uma perspectiva feminina, por isso, não poderiam ter atribuído a ele esse papel. Há também algumas versões que dizem que Lugh cegou Balor e o substituiu como o deus solar alfa.

Nessa época do ano, no entanto, também nos lembramos da Deusa em seus aspectos do fogo, como Brigid, que era uma deusa tríplice do fogo. Como acontece em todas as celebrações do fogo, Brigid representa um papel central para muitas pessoas nessa época do ano. O mais interessante sobre ela é que há diversas histórias sobre sua união com o deus Sol nessa estação.

Criando um retiro espiritual

O Beltane traz consigo o início da luz e a volta aos dias mais longos. A realidade árdua do inverno se foi e, por isso, nosso abastecimento de comida está a salvo. No geral, o Beltane traz consigo uma sensação de segurança, e não é por menos, uma vez que ele ocorre bem no meio do Sol em Touro. Contudo, não importa o quanto você se sinta seguro agora, no futuro, você passará por momentos em que não se sentirá assim. Por isso, é muito importante criar um espaço particular, um retiro espiritual que permita que você se desvencilhe dos fardos físicos e mentais da vida.

É um mero fato da vida saber que, se você operar de uma certa forma ao longo do dia, você se deparará com pessoas e situações que estarão além do seu controle. Nem todo mundo consegue lidar com a perda de poder ou pode se sentir esmagado sob o peso das pressões do cotidiano. A boa notícia é que o que você decide fazer com a sua carga de estresse é justamente o que vai mudar a sua situação. O conselho legítimo, "não podemos mudar o vento, mas podemos ajustar as velas do barco", tem um lugar de honra na vida espiritual das bruxas.

Decidi criar um retiro espiritual pela primeira vez há cerca de cinco anos, enquanto estava fazendo terapia para resolver um trauma que vivenciei quando era mais jovem. Estávamos trabalhando a técnica de construir um lugar na minha mente para o qual eu poderia me recolher quando a vida parecesse esmagadora demais, e esse método podia ser aplicado a uma ampla variedade de situações, por isso creio que possa ajudar qualquer pessoa. Ser capaz de desligar o mundo quando quiser é uma realização gigantesca que, com muita prática, todos nós podemos alcançar.

Meditação atenta

Eu descobri que a melhor forma de se lidar com o estresse é por meio de meditação intencional e atenta. A melhor hora para praticá-la é pela manhã, antes do trabalho ou dos estudos, mas você também pode fazê-la no fim do dia se tiver muita pressa de manhã. Eu, pessoalmente, gosto de reservar cerca de trinta minutos para a imersão completa.

Para começar, coloque um pouco de música instrumental que não seja uma distração, mas, ao mesmo tempo, seja agradável de ouvir. Então jogue um cobertor no chão e se deite de costas.

Feche os olhos e estique as mãos lentamente acima de sua cabeça, sentindo os músculos das costas se alongarem levemente. A seguir, volte os braços para as laterais do seu corpo e flexione os pés para a frente até sentir os músculos da perna se esticarem. Após alguns segundos, volte-os à posição anterior.

Respirando profundamente, sinta o peito subir e descer por cinco vezes seguidas. Imagine que você está no topo de uma escada em espiral dentro do olho da sua mente. Conforme desce os degraus da escada, respire longamente e de forma profunda, inspirando e exalando pelo mesmo período de tempo.

Quando seu pé tocar o primeiro degrau, uma luz se formará acima de sua cabeça. No segundo degrau, essa luz descerá para os seus ombros. No terceiro degrau, ela continuará se movendo para baixo, esquentando seu corpo de dentro para fora. Agora, ao dar o quarto passo, você estará quase que completamente envolta por essa luz morna, purificadora. Ao dar o quinto e último passo, você se sentirá leve, segura, quente e pura. Ao alcançar o último degrau, você verá uma porta à sua frente. Vá até ela e abra-a. Entrando, você verá um lugar pacífico e tranquilo.

Sente-se neste lugar e sinta o solo. Toque-o com as pontas dos seus dedos, deite-se nele e sinta o ar ao seu redor. Permita que a luz de antes volte a percorrer o seu corpo e a enchê-lo de paz. Este é o seu espaço sagrado. Você pode voltar sempre que sentir o desejo de abrir a porta.

Assim que se sentir relaxada o suficiente e pronta para ir embora, saia pela porta e suba os degraus da escada até voltar ao seu corpo. Sinta o chão sob você, as mãos descansando de cada lado do seu corpo. Levante os braços acima da cabeça e os alongue para reanimá-los. Quando se sentir pronta, abra os olhos.

Costumo visitar esse espaço sagrado com frequência durante o dia sempre que preciso de uma folga da minha vida acelerada. Visito um lugar cheio de colinas e árvores, repleto de ar fresco e de uma brisa agradável. O lugar que você escolher, independentemente de qual seja, será perfeito para você.

Essa meditação guiada pode ser feita sem nenhum material especial. Contudo, se quiser, você pode acessar sua intuição para criar um ritual completo utilizando velas, um altar e outros itens.

Norte: 21 ou 22 de junho
Sul: 21 ou 22 de dezembro (Verão)

TEMPERANCE ALDEN
BRUXA INTUITIVA
DARKSIDE

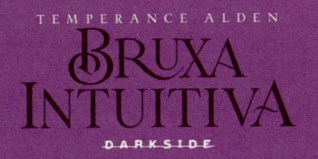

LITHA
O SEGUNDO FESTIVAL NO LADO CLARO DA RODA DO ANO

Capítulo 14

"O sol não brilha apenas para algumas flores e árvores,
mas sim para a alegria de todo o mundo."
— Henry Ward Beecher —

Litha, também conhecido como solstício de verão, ou Midsummer, é a celebração desse evento. Ele ocorre tipicamente no dia 21 de junho, em oposição ao solstício de inverno. Também é um festival do fogo, no qual vemos deuses no ápice da glória após a morte, o sono, e o renascimento que ocorre durante o outono, o inverno e a primavera. Litha é o dia mais longo do ano no hemisfério norte, quando o sol está na parte mais extrema do Norte.

O solstício de verão era amplamente celebrado no norte e no oeste da Europa; acredita-se que fosse uma característica marcante das comunidades celtas por toda a Grã-Bretanha, País de Gales, Escócia e Irlanda. Como muitos feriados folclóricos, a igreja tentou tomar posse dele e, por isso, decidiu mudar sua data para o dia 24 de junho, renomeando-o como Dia de São João.

Por estar no lado claro da roda do ano, o solstício de verão possui diversas associações aos festivais do fogo, tal qual o Beltane, e possui grandes fogueiras que são acesas para simbolizar o sol, a sensualidade, a vida e a fertilidade. Os festivais que acontecem durante essa época do ano tendem a ter temas semelhantes e só se diferenciam por pequenos eventos celestiais e mínimas nuances. Isso significa que a maior parte dos temas presentes no Beltane será encontrada também no Litha e nos outros sabás de verão.

Isso ocorre porque, enquanto a morte é uma característica bastante presente no lado escuro da roda do ano, a vida é um grande, senão o maior, atributo existente no lado claro da roda do ano. E o que traz mais luz que amor, riso e fertilidade? Somos todos radiantes e cheios de vida nesse período do ano; algo que pode ser observado, especialmente, na natureza e nas flores.

O solstício de verão, ou Midsummer, tem sido celebrado em todo o mundo. Os egípcios, por exemplo, planejaram as Grandes Pirâmides de forma que, quando vistas da Esfinge, o sol se ponha precisamente entre elas durante o solstício de verão. Na costa do Peru, arqueólogos descobriram que, no antigo complexo observatório de Chankillo, as construções estão alinhadas com o sol durante os solstícios. Stonehenge, por sua vez, que se crê ter mais de 5 mil anos de idade, está alinhado tanto com o solstício de verão quanto com o solstício de inverno. Por essa razão, até hoje, em todo solstício ou equinócio, grandes festivais são celebrados no Stonehenge.

A etimologia da palavra Litha é bastante interessante, pois foi inteiramente criada na metade do século XX. É óbvio que não pretendo afirmar que a palavra não existisse antes, mas sim que ela não era usada como é hoje, para descrever o festival do solstício de verão. Quando a Wicca estava em sua fase de criação, e a roda do ano estava sendo desenvolvida, seus criadores utilizaram muitas influências célticas e druídicas. Por isso, é possível que Litha tenha derivado de um artigo do século XVIII chamado The Reckoning of Time [A estimativa do tempo, em tradução livre). O nome Litha estava listado entre junho e julho nos tempos antigos. Embora essa seja uma informação precisa, o livro *Notes and*

Queries: A medium of intercommunication for literary men, general readers etc. (o sétimo volume da série, escrito em 1889) nos dá um entendimento mais aprofundado do tópico.

Nessa obra há diversas notas sobre como os anglo-saxões nomeavam os meses. O autor nos diz que tanto junho quanto julho eram descritos como meses numerados do ano. O mês seis era rotulado como *Se ærra Litha*, que pode ser traduzido como "o Litha anterior". O mês sete era listado como *Se æftera Litha*, ou seja, "o Litha posterior". Nesse dicionário, há uma afirmação dizendo que "a palavra Litha é apenas uma forma definitiva para *Lithe*, que significa 'ameno', uma vez que junho e julho são meses quentes e amenos".

Deidades da temporada

Durante o Litha, o Rei do Carvalho está no seu auge, mas ele é forçado a encarar os desafios que o inverno trará consigo. Acredita-se que o Rei do Carvalho, que governa o verão e o sol, seja o consorte da Deusa. Isso significa que ele é seu parceiro no amor, na fertilidade e na abundância. Por isso, quando falamos sobre o jardim da deusa nesse aspecto, de forma generalizada, estamos falando, na verdade, sobre as personificações dessa temporada.

Por se tratar de um festival de solstício de verão, qualquer deus solar pode ser venerado. Isso não se restringe aos deuses celtas do Sol, mas aos deuses solares de qualquer tradição. Embora não sejam necessariamente venerados pelos europeus do noroeste, há múltiplos deuses e deusas egípcios que são reconhecidos durante esse período. Para começar, a deusa-gato Bastet é comumente associada ao Sol e uma das filhas de Rá. Também temos Hórus, deus do céu. O seu olho direito era o sol e o seu olho esquerdo era a lua. Isso o coloca tanto como parte do solstício de verão quanto do solstício de inverno. Além disso, há Nefertum, deus da cura e da beleza, que representa a primeira luz do sol.

Nas tradições nórdicas temos a deusa Sól, que viajava pelos céus todos os dias montada em uma carruagem puxada por cavalos com crinas de fogo.

Também temos Kupala, deusa eslava da água, das árvores, das ervas, das flores e da feitiçaria. Como a estação das chuvas costuma começar no mês de junho na maioria dos lugares, é bastante adequado ter uma deusa da água representando o festival dessa temporada.

O trabalho das sombras e sua própria sombra

O trabalho das sombras é algo intensamente pessoal, portanto, a forma como você decidirá se conectar com a sua própria sombra só diz respeito a você mesma. O trabalho das sombras é o trabalho que assumimos para conhecermos o nosso verdadeiro Eu. Quanto mais evitamos nosso trabalho das sombras, mais nossas dores nos envenenam, deixando-nos adoecidos e machucados. Essa é a importância desse trabalho: precisamos dele para nos enxergarmos objetivamente, evitando pensar apenas em mudanças, mas também em aceitação. Essa prática nos ensina que não podemos fugir de nós mesmos e, afinal, por que é que gostaríamos de fazer isso?

Fogueira floral das sombras

O trabalho das sombras com flores é uma das formas mais íntimas de nos aproximarmos de nossas próprias sombras. O trabalho com flores invoca os aspectos mais doces e delicados de nossos espíritos que tendemos a esconder por medo. Alguns de nós, contudo, nunca deixam essas partes de suas personalidades transparecerem e até esqueceram como acessá-las. Esse não é um processo que acontece da noite para o dia, e você pode nunca se sentir confortável com a ideia de ser frágil. A coragem de se mostrar vulnerável é uma qualidade que poucas pessoas têm. Independentemente disso, todos nós podemos realizar esse ritual e começar a acessar e a restaurar nossas partes frágeis e feridas. A jornada para o amor-próprio pode ser tortuosa, mas é uma das mais importantes que você terá que fazer.

Se possível, realize este ritual em uma noite de domingo. Com a experiência, descobri que é sempre melhor começar a semana mais leve do que como a terminou. Contudo, se você sentir necessidade de fazer o ritual em outro dia, tudo ótimo também. Lembre-se: não há regras inflexíveis na magia; esta é outra ferramenta de autocuidado.

Você pode modificar este ritual para que ele se encaixe nas suas necessidades. Caso você viva em um ambiente no qual não seja possível acender uma fogueira, substitua-a por uma vela, um caldeirão, ou luz elétrica. Outra opção é utilizar outro tipo de geografia ou invocar um elemento diferente: florestas antigas, montanhas e a praia são ótimas alternativas para quem não se sente confortável com o uso de fogo.

Antes de começar, você precisará identificar que traços de personalidade já não servem a você. Liste-os em um papel ou apenas mentalmente.

Você também precisará considerar quaisquer itens que carreguem consigo uma bagagem emocional negativa. Isso é vital para o sucesso de criar uma liberdade vulnerável dentro dos limites e da energia existente na temporada de Litha. Podem ser fotos de alguém que você não quer mais na sua vida, um livro, um CD ou DVD que traga más memórias. Não continue se torturando, desapegue-se de objetos materiais que possam estar machucando a sua sombra. Permita-se expurgar essa ligação com a dor e o que ela simboliza. Você não está mais naquele lugar. Você pode partir.

Você precisará de:

>   Fogueira (vela, caldeirão ou luz elétrica)
>   Marcador permanente
>   Papel (folhas de louro, caso esteja ao ar livre)
>   Flores
>   Itens que carreguem consigo uma bagagem emocional negativa
>   Água ou qualquer outra coisa capaz de apagar o fogo.

Para começar, acenda o fogo. Se você estiver em um lugar seguro o suficiente para fazer isso, quanto menos roupas você vestir, melhor será.

Ande ao redor do fogo em círculo, prestando atenção para ver se ele foi aceso de todos os lados. Conforme as fagulhas se tornam chamas, invoque os poderes superiores para juntarem-se a você neste círculo de fogo.

Em um pedaço de papel, escreva cada traço indesejável de personalidade que você quer devolver ao universo. Quando estiver pronta, pegue cada um deles e repita o seguinte mantra:

> *Eu lanço essa energia a você, Poder Superior, com amor e graça.*
> *Peço que você me libere deste fardo que coloquei sobre mim mesmo.*
> *E me obrigo a me aliviar deste fardo também.*
> *Como foi, não continuará a ser.*
> *Guie-me agora, Poder Superior, pelos jardins da minha mente.*
> *Caminhe comigo enquanto navego as margens do meu espírito.*
> *Deite-se comigo nos campos da minha juventude.*
> *Pois você surgiu antes de mim e aqui estará*
>   *depois que eu estiver partido.*
> *Deposito minha confiança em você.*
> *Que assim seja.*

Agora, atire o papel no fogo. Repita esse processo até que você não tenha mais nenhum papel sobrando.

Em seguida, coloque as flores que você trouxe consigo nos cabelos. Ao fazer isso, visualize seus pontos mais frágeis como estando na parte da frente e no centro. Deixe que essas partes suaves de você guiem o caminho conforme faz o encerramento do ritual.

Características básicas das flores

Eis, a seguir, uma lista de algumas flores que podem ser usadas nesse ritual:

- Boca-de-dragão: feitiços e contrafeitiços, proteção.
- Buganvília: beleza, paixão.
- Calêndula: saúde e cura, reencarnação, vitalidade.
- Camomila: serenidade, positividade, saúde e cura.
- Coração-sangrento: para atrair amor, curar sofrimento e depressão, beleza e glamour.
- Cravo: amor, amizade.
- Dedaleira: cura emocional, proteção, conexão com as fadas.
- Dente-de-leão: adivinhação, fertilidade, resiliência.
- Girassol: felicidade, poder, força, vitalidade.
- Hibisco: amizade, paixão, luxúria e romance, inteligência.
- Jasmim: sexualidade, sensualidade, alegria.
- Lavanda: claridade, purificação, sucesso.
- Madressilva: liberação de bloqueios sexuais, luxúria, intuição.
- Margarida-do-cabo: magia, intuição, habilidades psíquicas, proteção.
- Margarida: amizade, saúde.
- Peônia: limpeza, proteção espiritual.
- Rosa: abundância, amizade, amor, segredos, beleza.
- Trevo: prosperidade, comunicação com as fadas, proteção.
- Urze: conexão ancestral, cura de traumas, proteção, trabalho das sombras, vidas passadas.

Norte: 1º de agosto
Sul: 2 de fevereiro

TEMPERANCE ALDEN

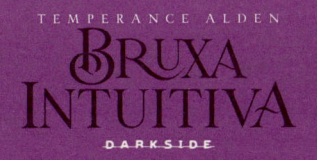

BRUXA INTUITIVA
DARKSIDE

LUGHNASADH
O TERCEIRO FESTIVAL NO LADO CLARO DA RODA DO ANO

Capítulo 15

"Há pessoas tão famintas no mundo, que Deus só
pode aparecer para elas sob a forma de pão."
— Mahatma Gandhi —

O Lughnasadh, também conhecido como Lammas, é o terceiro festival no lado claro da roda do ano. Celebrado tipicamente em 1º de agosto, o Lughnasadh ocorre no outono e é o primeiro festival da colheita do ano. Contudo, antes que fiquemos confortáveis com essa definição, é bom lembrarmos que ele não é apenas um festival sazonal da colheita, ele é o festival do trigo, do pão.

O Lammas é o ponto intermediário entre o solstício de verão e o equinócio de outono. Com o passar do tempo, a data dele mudou um pouco, por isso ele pode ser celebrado em qualquer período entre o dia 1º de agosto e o primeiro final de semana posterior a essa data. O Lughnasadh é o último dos quatro festivais gaélicos, iniciados por Samhain, Imbolc e Beltane. Embora, obviamente, tenha origem celta, ele foi nomeado em homenagem ao deus Lugh. Portanto, Lughnasadh vem do antigo nome irlandês *Lughnasad*, que pode ser traduzido como

Lugh (deus) e *nasad* (assembleia). Embora essa versão do festival seja de origem irlandesa, a grafia da palavra em irlandês moderno é *Lunasa*, que significa "agosto".

Acredita-se que essa alcunha se refira ao festival de jogos dedicados a honrar a mãe de Lugh, o deus celta do Sol. Em *Celebrating the Seasons of Life: Beltane to Mabon*, Ashleen O'Gaea discorre sobre como os jogos de velocidade e força geralmente existiam para exibir uma vitalidade que, em breve, viria a morrer. Entendia-se que, mesmo na morte, o ciclo da vida continuaria, uma vez que nos nutrimos com a morte da colheita.

O conceito de um feriado dedicado à colheita do trigo e o uso da palavra *sacrifício* provavelmente soa familiar a você. É um tema reminiscente relacionado a outro deus muito popular que — acredita-se — se sacrificou pelo bem da humanidade. Contudo, não há relação direta entre esses dois deuses. Para os deuses pagãos, não existe "pecado" ou "salvação", mas sim uma troca de energias fluindo constantemente em um ciclo interminável. A oferenda do pão e a morte iminente de nosso Deus não estão concentradas em nós, mas fazem parte da ordem natural das coisas e da troca de energia espiritual que está presente em todas as coisas.

A parte mais interessante sobre esse dia, especificamente, é que, em cada lugar, há uma versão diferente desse festival. Na Irlanda, por exemplo, o Lughnasadh é centrado no deus Lugh. Na Inglaterra, o festival recebe o nome de Lammas, "massa de pão". (Honestamente, não pode haver um festival melhor do que um que gire em torno do consumo de carboidratos e se dê em um clima folclórico.)

Voltando às origens da roda do ano, precisamos relembrar que os sabás wiccanos foram criados tendo como base as origens celtas. O Lughnasadh, embora seja irlandês, não é diferente. A menos, claro, que observemos as versões escocesas, galesas ou inglesas. É isso que torna o Lammas tão único — cada uma dessas culturas, embora muito próximas, tinha seu próprio festival com suas próprias tradições. E é o que vemos hoje no paganismo moderno; uma combinação de todos os festivais com uma pitada de prática moderna.

O Lammas, o trigo e a Revolução Francesa

O Lammas é o festival que marca a primeira colheita do trigo. Além disso, ele também é o primeiro festival da colheita no ano e o primeiro festival outonal. Em alguns lugares, o Lammas também marca o fim da colheita do feno. É preciso deixar claro que, enquanto Lammas e Lughnasadh começam no mesmo dia, em áreas geográficas similares, partilhando de temas parecidos, eles não são, na verdade, o mesmo evento.

Enquanto o Lughnasadh apresenta tanto a veneração do deus Lugh quando a colheita do trigo, o Lammas é um feriado mais secular, focando-se em múltiplos deuses e na colheita do trigo.

Historicamente, o trigo sempre foi um dos produtos e itens de troca mais importantes do mundo, sobretudo na Europa. O pão, e outros alimentos feitos com trigo, tem sido a base da alimentação das pessoas por gerações, e durante períodos de colheitas ruins sempre observamos revoltas políticas.

Em julho de 1789, por exemplo, a falta de pão na Bastilha pode ou não ter protagonizado um enorme papel no início da Revolução Francesa. No período da Pequena Idade do Gelo, as colheitas foram seriamente danificadas. Isso levou a uma falta de grãos, especialmente de trigo. Conforme a Pequena Idade do Gelo prosseguia, a escassez alimentar aumentou, e a disponibilidade de alimentos acessíveis diminuiu muito.

Há registros de que, em 1775, mais de trezentos rebeldes saíram às ruas ultrajados por conta dos preços elevados dos grãos e da acessibilidade alimentar em geral. Posteriormente, essa onda de protestos recebeu o nome de Guerra da Farinha e pode parecer reminiscente de alguns levantes revolucionários norte-americanos. Os produtos à base de grãos eram particularmente importantes na França durante esse período, pois estima-se que o pão fosse responsável por mais de 80% da dieta da classe baixa e classe média da época. Portanto, qualquer mudança que ocorresse na distribuição ou no preço do trigo despertava mais do que inquietação no povo.

Traga-me a massa de pão: Altar de pão integral para o dia de Thor

Existe forma melhor de trabalhar com o trigo do que metendo a mão na massa e sujando-a com ele? Faz alguns anos que tenho ensinado a receita deste pão para prosperidade, e a cada tentativa, por incrível que pareça, ele fica melhor. Essa receita foi adaptada de uma receita que encontrei na internet escrita por Nita Crabb.

Confeccionar o seu próprio altar de pão, especialmente durante o festival da primeira colheita do trigo, é algo que conecta a sua energia à prática espiritual e, ao mesmo tempo, demonstra reverência e dedicação aos deuses e espíritos que você celebra.

Esta receita faz cerca de dois pães. Deixe um no seu altar e coma o outro na manhã de Lughnasadh.

Ingredientes:
3 xícaras de água morna
2 pacotes de fermento seco biológico (cerca de 8 gramas cada)
2 colheres de sopa de mel, e mais ⅓ de xícara de mel
5 xícaras de farinha branca
½ xícara de aveia
½ xícara de cerejas desidratadas
½ xícara de uvas-passas
3 colheres de sopa de manteiga derretida
1 colher de sopa de sal
3 ½ xícaras de farinha integral

Pré-aqueça o forno a 180° graus. Em uma tigela grande, misture água morna, o fermento e o mel. Deixe descansar por cinco minutos. Adicione a farinha branca, a aveia, as cerejas, as passas e misture para incorporá-las à massa. Deixe-a descansar por trinta minutos ou até que fique bem alta e cheia de bolhas. Agora, misture a manteiga derretida, o mel e o sal. Jogue duas xícaras de farinha integral.

Se você tiver uma batedeira potente, use-a para bater a massa até que ela descole da superfície da tigela. Se você não tiver e preferir sovar a massa à mão, passe farinha em uma superfície plana e sove até que a massa esteja desgrudando totalmente do lugar em que você escolheu trabalhar nela. Isso pode exigir mais uma ou duas xícaras de farinha integral, mas use-as com parcimônia.

Assim que tiver sovado bastante a massa, divida-a em dois pedaços iguais. Eles serão os seus dois pães.

Pegue o primeiro pedaço e separe-o em três partes iguais. Enrole-as, separadamente, até que estejam finas e compridas, prontas para serem trançadas. Ao fazer a trança de pão, agradeça aos deuses, ao universo e aos seus ancestrais pela sua saúde, sua fortuna e sua prosperidade. Cada parte deve ter um agradecimento conectado a ela.

Repita o mesmo processo com o segundo pão.

Coloque os dois pães sobre uma forma de assar ou um prato específico para esse propósito e deixe a massa crescer no forno quente por cerca de vinte minutos. Os pães dobrarão de tamanho.

Uma vez que tenham crescido, aumente o forno para 220° graus e ative o timer para tocar em 25 minutos.

Quando os pães estiverem em um tom dourado-amarronzado, tire-os do forno e espalhe manteiga sobre eles. Deixe-os esfriarem por vários minutos antes de tirá-los da forma.

Caso queira sofisticar este simples ritual de cozinha, você pode fazer manteiga para acompanhá-lo. Este pão é melhor se preparado e consumido às quintas-feiras e aos domingos. Quinta-feira é o dia de Thor e domingo é o dia do Sol. Como Lugh é o deus do Sol, e Lughnasadh é o festival da colheita, não há melhor propósito que este. A farinha e o mel também estão presentes na receita para abrir as portas do seu lar à prosperidade.

Ritual de manteiga da deusa

A manteiga é um alimento considerado sagrado em muitos lugares, sendo especialmente importante nas culturas influenciadas pelas tradições célticas. Ao optar por preparar manteiga, você se fundirá às energias do Deus e da Deusa, dando as boas-vindas a ambos na celebração da colheita de que o seu corpo fará parte. Quando criamos um altar composto de alimentos para a prosperidade, isso mostra aos nossos deuses, guias e ancestrais que valorizamos a presença deles e desejamos estreitar e fortalecer as nossas relações com eles. Ao cozinhar usando qualquer tipo de laticínios, nós ativamos esta energia abundante e a oferecemos aos velhos deuses.

Esse ritual da manteiga tem relação direta com a manifestação de prosperidade e abundância, com a Deusa sendo o nosso farol. Se você trabalha com alguma deusa específica, sinta-se à vontade para invocá-la quando estiver confeccionando sua manteiga. Caso não tenha uma deidade específica, você pode invocar a Mãe Natureza, a senhora da terra, seus guias, seus ancestrais, ou qualquer outra deidade com a qual você se sinta confortável.

Receitas que levam laticínios são tipicamente associadas a deidades femininas porque são a fonte de vida com as quais as fêmeas sustentam suas crias, mas você também pode utilizá-las com deuses masculinos ou não binários, se desejar.

Ingredientes

Para o altar:
Dinheiro em notas (quantia que seja confortável)
Folhas frescas de manjericão
Canela em pau
1 pedaço de barbante
1 vela palito verde ou amarela

Para a manteiga:
Cerca de 700 gramas de creme de leite fresco
1 pitada de açúcar

1 pitada de sal
 Tempero seco italiano[1] ou manjericão a gosto (este tempero tem todas as ervas que você precisa para a prosperidade)

Para começar, pegue o dinheiro de papel e o manjericão fresco e faça rolos com eles utilizando a canela em pau; ela deve estar no meio para dar sustentação. Amarre-os com o pedaço de barbante e coloque esse maço no seu altar. Nesse ritual, o manjericão existe para atrair prosperidade, e a canela para auxiliar na sua velocidade e no seu progresso.

Próximo ao maço de dinheiro, acenda a vela e dê as boas-vindas aos poderes superiores. Velas palitos são velas menores que queimam de uma só vez, em uma sentada, durante menos de trinta minutos, por isso são tão úteis quando estamos cozinhando.

Vá até a cozinha e lave as mãos para se preparar para a confecção da manteiga. Em uma tigela grande, ou em uma batedeira, adicione o creme de leite, o açúcar, o sal e o tempero italiano.

Misture em velocidade média por quinze ou vinte minutos, até que a manteiga se separe do líquido. Esta parte líquida é o leitelho ou buttermilk. Você pode guardá-lo para outras preparações.

Segure a manteiga nas mãos e aperte até sair o restante do leite. (Isso é muito importante!) Eu costumo utilizar uma tigela de água gelada para fazer isso, pois descobri que a temperatura ajuda na extração do soro do leite.

Por fim, coloque a manteiga em um pote e deixe-a próxima ao seu pão e à sua vela no altar. Agradeça aos seus guias, aos ancestrais, aos poderes superiores, e convide-os para degustarem a oferenda. Se quiser fazer mais manteiga para uso pessoal, saiba que a manteiga fresca pode ser mantida por até duas semanas no refrigerador.

---

[1] O tempero seco italiano costuma ser composto por uma mistura de ervas maceradas, como manjericão, orégano, alecrim, salsa, tomilho, sálvia, coentro ou pimenta vermelha.

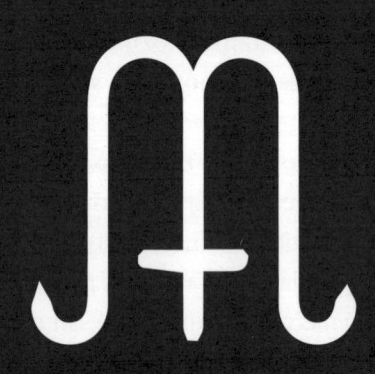

Norte: 21 ou 22 de setembro
Sul: 20 ou 21 de março (Outono)

MABON
O QUARTO FESTIVAL NO LADO CLARO DA RODA DO ANO

Capítulo 16

"O outono é uma segunda primavera onde cada folha é uma flor."
— Albert Camus —

Mabon é o nome dado ao equinócio de outono. O equinócio de outono é o segundo festival da colheita, dos três festivais da colheita presentes na roda do ano pagã, caindo, tipicamente, entre os dias 21 e 23 de setembro. O equinócio de outono divide o dia e a noite igualmente, permitindo-nos uma pausa antes de sermos cobertos pela escuridão do inverno.

O Mabon é considerado um dos rituais menos celebrados na roda do ano, mas, ainda assim, é um dos meus favoritos. Ele é o último festival na parte clara da roda do ano e recebe o nome do deus céltico-galês Mabon. Ele é um deus da luz e filho da deusa-mãe da terra, Modron ("mãe").

No Lughnasadh, nós vimos como o Deus aceitou o seu declínio final antes do ciclo da morte e do renascimento. O Mabon, por sua vez, é o momento em que a morte está sobre nós. Pode não ser tão solene quanto soa, contudo, porque sabemos que haverá o renascimento. Esse é o ciclo; sempre foi e sempre será.

O segundo festival da colheita é um momento de alegria e de celebrar os frutos do nosso trabalho. Além disso, juntamente ao Mabon, ocorrem as celebrações do Fim da Colheita e do Lar da Colheita. O Fim da Colheita e o Lar da Colheita eram momentos em que se acumulavam os resultados da última colheita e se celebrava a abundância. O Lar da Colheita é um festival tradicional inglês, celebrado atualmente no último dia de setembro, quando as cidades estão decoradas com bonecas de milho representando os espíritos do campo.

O deus Mabon

Mabon é o nome de um deus celta, filho de Modron, a grande mãe. De forma similar ao mito de Deméter e Perséfone, Modron sofreu com a perda de Mabon após ele ter sido sequestrado três dias após seu nascimento. Mabon então foi aprisionado dentro de um muro de pedra, sendo depois libertado.

É muito interessante como duas culturas diferentes foram capazes de criar histórias tão parecidas nas quais um deus ou uma deusa foram, por alguma razão, separados da própria terra contra a vontade. Na ausência deles, o inverno cai sobre a Terra, congelando tudo em seu caminho. Isso, é claro, retrata o ciclo da vida — mas não deixa de ser intrigante a forma como essas histórias surgiram simultaneamente em diferentes partes da Europa.

Michaelmas, Festa de São Miguel

O equinócio de outono se converteu em um dia de festa da Igreja Católica. Michaelmas, também conhecido como Festa de São Miguel e Todos os Anjos, é celebrado no dia 29 de setembro. Este dia é considerado um sabá maior, junto do equinócio de primavera e os dois solstícios.

São Miguel não é um santo tradicional, mas sim um anjo. Há muitas bruxas, por exemplo, que optam por trabalhar com anjos judaico-cristãos, então, para aquelas que o fazem, abraçar esse dia de festa pode ser algo bastante relevante para a prática espiritual. Em muitas práticas folclóricas, há bruxas que continuam trabalhando com conceitos abraâmicos após se excomungarem da religião como um todo. Para elas, ser uma pagã ou uma bruxa não elimina a existência de anjos, santos etc.; isso não quer dizer que estejam fora dos limites ou não sejam mais válidos. De acordo com Jake Richards, autor de *Backwoods Witchcraft*, por exemplo, os praticantes da magia folclórica apalache geralmente utilizam a Bíblia cristã como livro de feitiços.

São Miguel, por sua vez, era o líder de todos os anjos no exército de Deus. De acordo com a tradição e as escrituras, São Miguel tinha quatro responsabilidades: combater Satã; escoltar os fiéis para o céu no momento de suas mortes; advogar a favor dos cristãos e da igreja; e convocar os homens para seus julgamentos finais.

Conforme a roda do ano vira de novo, e de novo, passando da luz para as trevas, a celebração de Michaelmas passa a acontecer em toda a Grã-Bretanha como uma forma de encorajar a proteção do povo durante o frio e os meses escuros de inverno. Há um provérbio que diz: "Coma um ganso no dia de Michaelmas e não precisará de dinheiro pelo restante do ano". Como o Mabon não tem tantas tradições associadas diretamente a ele, essa é uma sugestão que poderia ser adotada facilmente. Outra curiosidade é que alguns acreditam que este provérbio foi dito pela rainha Elizabeth I. Há fontes que dizem que ela teria ouvido notícias sobre a derrota da Armada Espanhola enquanto jantava um prato feito de ganso e decidido que, a partir daí, participaria de todos os outros dias de Festa de São Miguel.

Ullabon

Ullabon

Ullabon

A maçã de Lilith

Quando eu tinha 15 anos de idade, fui presenteada com um adorável livro vintage chamado *The Complete Old Wives' Lore for Gardeners*, de Bridget e Maureen Boland. Ele era todinho decorado com figuras de xilogravuras e cobria diversos tópicos, desde tradições e lendas de jardinagem, práticas básicas (e não intencionais) de bruxaria, até dicas muito úteis sobre como cuidar de um jardim. Nada, contudo, me causou tamanha impressão quanto este pequeno parágrafo sobre a proteção oferecida pelas macieiras:

> Sempre que uma macieira é plantada, o nome de Asmodeus, o demônio que tentou Eva (a menos que você acredite que ela era, na verdade, o demônio feminino Lilith), deve ser escrito na terra e cancelado com uma cruz.

A partir daí, ao longo da minha vida, plantei algumas macieiras, sempre recordando esse ritual básico. As maçãs são envoltas em muitas crenças mágicas, a maior parte delas tendo relação direta com a temporada da colheita. Nós, bruxas, em vez de banirmos Lilith, como é muito comum em muitos textos religiosos, a invocamos em nome da fertilidade, da proteção e do aconselhamento. As maçãs são frutos férteis e abundantes que trarão a você muitas bênçãos por meio de magia do amor, magia da prosperidade, magia de banimento e todo o restante.

Devido ao clima vindouro, o equinócio de outono não é a melhor época do ano para se plantar uma macieira; contudo, pode ser um momento excelente para colher maçãs ou fazer maçãs do amor. Durante o outono, as maçãs são abundantes e podem ser utilizadas a qualquer momento para invocar e dar as boas-vindas à inteligência e à proteção de Lilith.

Mabon

Uma maçã por dia

Uma das minhas coisas favoritas sobre o outono (como se fosse possível escolher uma só) é apanhar maçãs. Existe algo muito especial em dirigir até um pomar de maçãs, apanhá-las de árvores antigas e preparar cidra ou rosquinhas de maçã e canela. Esse tipo de coisa eleva a experiência a um nível incomparável, algo que só é possível de acontecer nessa estação. Embora eu tenha sido roubada disso na minha infância (não temos pomares no sul da Flórida), apanhar maçãs é algo pelo qual me apaixonei profundamente assim que me mudei para a Nova Inglaterra. No que diz respeito à bruxaria, as maçãs têm um leque de talentos a oferecer. Elas podem trazer prosperidade; suas sementes podem ser usadas para proteção; ou podem servir de oferenda durante os meses da colheita. Além disso, se cortadas na horizontal, o contorno de suas sementes forma um pentáculo.

O único lado negativo sobre essa atividade é que eu sempre exagero na quantidade. Eu vivo pela experiência e, sinceramente, fico empolgada demais. Meus amigos costumam tirar onda comigo, mas eu sempre digo que, se você começou a fazer isso somente na idade adulta, precisa compensar o tempo perdido! Depois, ao voltar para casa com todas essas maçãs, sempre me pergunto o que vou fazer com elas. A resposta óbvia (ao menos para mim) é fazer uma torta. Mas até mesmo após a confecção da torta ainda costumam sobrar muitas maçãs.

É então que surge a ideia: porta-velas feitos de maçãs! Claro que não sou a inventora do conceito, pois tenho certeza que muitas pessoas já devem ter pensado nisso. O que posso dizer, contudo, é que estes porta-velas são a mais bela decoração para o altar de Mabon e podem ser utilizados tanto ao ar livre quanto dentro de casa.

Você precisará de:

    Maçãs vermelhas (elas são bonitas e costumam ser mais doces)
    Vela lamparina ou parafina
    Marcador permanente
    Faca de cozinha
    Suco de limão

Segurando uma vela sobre uma maçã, faça um sinal com o marcador no local onde você deseja que ela entre. Com a faca de cozinha, escave o lugar onde pretende enfiar a vela. Uma vez que a parte de cima tenha sido removida, despeje um pouco de suco limão na maçã para impedi-la de ficar marrom. Se estiver usando parafina, deixe o suco secar e então derrame-a dentro da cavidade para garantir que a vela ficará moldada no lugar certo. No caso de uma vela lamparina, coloque-a dentro da maçã e aproveite o seu novo porta-velas. Eles duram alguns dias.

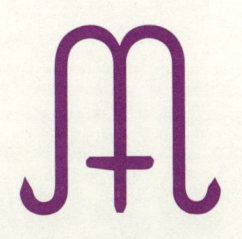

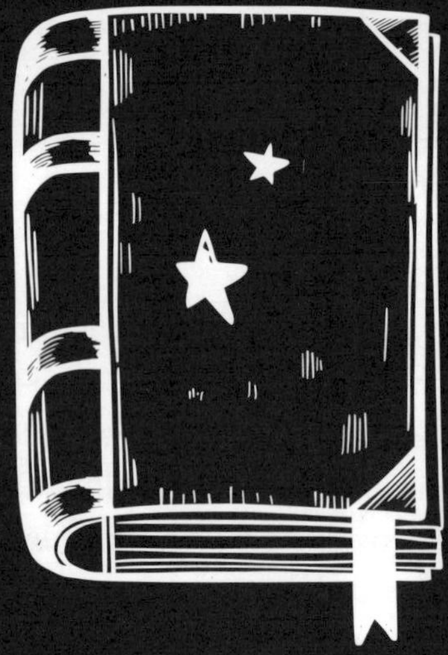

TEMPERANCE ALDEN
BRUXA INTUITIVA
DARKSIDE

O ANO PERSONALIZADO
Capítulo 17

"As pessoas sempre dizem que o tempo muda
as coisas, mas quem deve mudá-las é você."
— Andy Warhol —

Seguir a roda do ano neopagã é algo muito confortável. Ela é amada pela maioria das pessoas e utilizada para guiar comemorações oito vezes ao ano. Ela contém festivais que abrangem diversas culturas, com temas bastante familiares. Mesmo assim, nem sempre senti isso. Como pagã, essa é uma questão com a qual lutei e para a qual voltei muitas e muitas vezes. Como me conectar à roda do ano se a roda do ano não está conectada a mim?

Vai fazer mais sentido se você refletir sobre o seguinte: a roda do ano como a conhecemos foi criada na Inglaterra. Atualmente, vivo nos trópicos. Anteriormente, em Montana, cujo clima se classificava como "subártico continental", o que significa que, de 55 a noventa dias por ano, a temperatura no estado chega, no máximo, aos 17° graus. Portanto, tendo vivido em dois extremos polares — em termos de clima e temperatura —, acabei me sentindo muito deslocada com a roda do ano. As pessoas retratadas ali estavam vendo as folhas caírem enquanto eu estava ou na neve ou na praia. Eu tinha que fazer alguma coisa a respeito.

Ao redor do mundo, há pagãos e bruxas vivendo em lugares que não se alinham climaticamente com a roda do ano. Há locais em que as quatro estações não existem de forma definida. Por exemplo, o Vale da Morte, no sudoeste dos Estados Unidos, só recebe cerca de cinquenta milímetros de chuva por ano! Há incontáveis exemplos de climas únicos pelo planeta, então, aprender a trabalhar com isso — ou contra isso — é algo que pode nos permitir aproveitar a roda do ano novamente.

Um breve panorama da roda do ano

Há muitos termos presentes na roda do ano e às vezes ela pode parecer confusa, ainda mais quando falamos de hemisférios norte e sul, que acompanham um ciclo de estações distintas. Sabendo o que vale e o que não vale dentro da roda é o que nos dará a base para mudá-la a fim de que ela se adeque às nossas necessidades, por isso, é importante revisitar o básico. A roda do ano é composta por oito sabás ou festivais. Esses oito sabás se dividem em quatro sabás maiores e quatro sabás menores. Uma diferença notável entre eles é que os sabás maiores costumam "se mover", enquanto os sabás menores são (quase sempre) fixos. Os sabás maiores incluem o equinócio de primavera e de outono e os solstícios de inverno e de verão. Os sabás menores são os festivais celtas do fogo que acontecem no meio dos sabás maiores, como o Samhain, o Imbolc, o Beltane e o Lughnasadh.

Para recapitular, os oito sabás da roda do ano são: Samhain (31 de outubro), Yule (solstício de inverno), Imbolc (2 de fevereiro), Ostara (equinócio de primavera), Beltane (1º de maio), Litha (solstício de verão), Lughnasadh, ou Lammas (1º de agosto), Mabon (equinócio de outono).

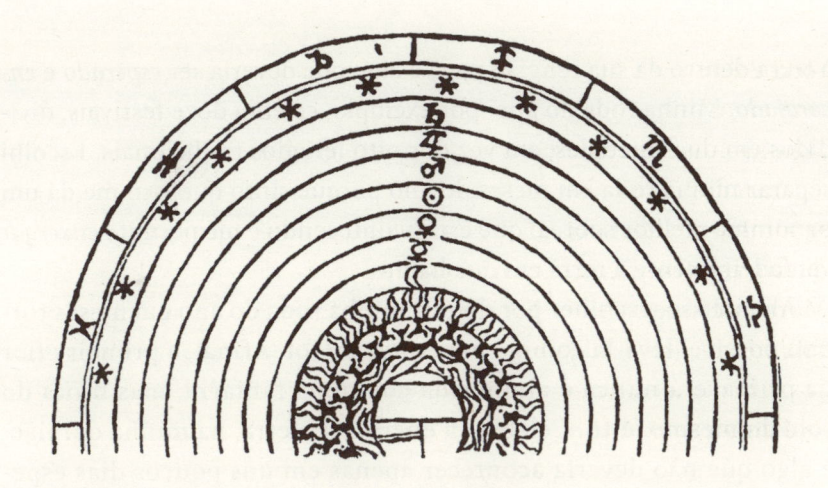

Adaptação da roda do ano

Esses sabás parecem universais, não é mesmo? Afinal, todos temos solstícios e equinócios. Embora isso seja verdadeiro e todos os pagãos vivenciem esses eventos celestiais, nem todos de nós experimentamos a roda do ano como ela está escrita. O Yule, por exemplo, o solstício de inverno, é marcado por tradições invernais — claro, já que é um festival do inverno. Contudo, para bruxas que vivem em muitos outros lugares do mundo no qual não neva, pode ser muito difícil — e às vezes até doloroso — se conectar com os costumes e as crenças desse feriado germânico.

Todos os sabás da roda do ano passam por essas questões. Fora do âmbito climático de certos lugares (como a Europa Ocidental, a Nova Inglaterra etc.), a roda do ano não faz muito sentido. É claro que posso me conectar com o equinócio; contudo, não consigo me ligar aos elementos outonais associados a ele. Em um mundo no qual todas as pessoas sentem prazer em exibir suas práticas espirituais para uma plateia virtual, isso pode gerar muita culpa em algumas bruxas, que podem, inclusive, achar que não estão fazendo o suficiente quando, na realidade, elas não estão se conectando à roda do ano wiccana.

Pode ser que você esteja escutando isso pela primeira vez, por isso, vou falar o mais alto possível: TUDO BEM mudar a roda do ano para que ela se adeque à sua prática pessoal. Tomar iniciativas para se conectar à terra dentro da sua religião pagã é algo que deveria ser *esperado* e *encorajado*. Minha roda do ano, por exemplo, celebra doze festivais, divididos em duas metades, em vez dos oito feriados tradicionais. Escolhi separar minha roda em meses do ano porque sinto que isso me dá um panorama melhor sobre o que está acontecendo e me permite *enxergar* verdadeiramente a terra em que habito.

Além disso, escolher por dividir minha roda do ano em meses tornou possível levá-la comigo para onde eu for. Afinal, a primeira flor da primavera nunca é anunciada com uma fanfarra, mas brota do solo do mesmo jeito. Celebrar a energia da terra, na minha opinião, é algo que não deveria acontecer apenas em uns poucos dias específicos. Os sabás tradicionais têm seu lugar na minha roda do ano, mas eles não são o meu foco.

Em vez disso, a minha roda do ano acabou se tornando um ano da bruxa — algo que me apoia e me auxilia na minha jornada pelo paganismo. Passei muitos anos (praticamente toda a minha vida como bruxa, na verdade) sem venerar nenhum deus, optando por me focar, em vez disso, nos espíritos locais que circundavam minha área e interagiam comigo diariamente. Para mim, isso era como fazer vinho de carambola depois de uma boa colheita e compartilhá-lo com os amigos ao redor de uma fogueira. Também fez com que toda temporada de colheita e toda superlua que surgisse no céu se tornasse algo a ser celebrado e reverenciado. As luas da colheita indicam uma mudança de estação, o momento de celebrar conforme nos voltamos para o próximo festival da roda do ano. No próximo capítulo, nós nos aprofundaremos nos detalhes e descobriremos novas formas de olhar a roda do ano e customizar uma roda específica para o seu próprio caminho.

No sul

Como as estações do ano funcionam de maneira tão diferente no hemisfério sul, descobrir uma forma de celebrar a roda do ano lá se torna uma questão imprescindível. No geral, há duas soluções.

Algumas pessoas acreditam que os feriados pagãos da roda do ano deveriam ser celebrados exatamente como as culturas originárias pretendiam que fossem. Por exemplo, o Yule deveria ser celebrado em dezembro independentemente de em qual hemisfério você esteja. Você ainda teria que arranjar uma árvore e decorá-la mesmo se fosse verão lá fora.

A outra linha de pensamento é que o paganismo é uma prática espiritual voltada para a natureza. Isso significaria que, para exercer a prática da religião e da espiritualidade, você deveria seguir o curso da natureza. Sendo assim, se for verão no lugar em que você está, são os festivais de verão que você deve comemorar, não os de inverno.

Não há uma solução ideal aqui. Do meu ponto de vista, cada bruxa deve decidir como celebrar a própria roda do ano. Se elas acharem importante celebrar tradições culturais dentro da roda do ano, então elas decidirão comemorar os festivais como alguém que vive no hemisfério norte. Para elas, talvez, a cultura que criou o festival seja até mais importante que o próprio feriado. Em outros casos, contudo, talvez haja uma preferência pela celebração dos ciclos, das estações e das colheitas exatamente como elas ocorrem no local em que vivem.

Não há resposta certa ou errada. Não importa em que hemisfério você viva, você irá experienciar os solstícios de inverno e de verão, os equinócios de primavera e de outono e os ciclos da colheita.

Então como você deve celebrar um feriado de inverno durante os meses de verão? Talvez você não deva! Ouça a terra ao seu redor, sinta sua energia. Caso opte por reconhecer e celebrar as mudanças ocorridas do outro lado do mundo, lembre-se de abrir um espaço dentro de si mesma para apreciar e reverenciar o lugar no qual está agora.

TEMPERANCE ALDEN
BRUXA INTUITIVA
DARKSIDE

CRIANDO SUA PRÓPRIA RODA DO ANO

Capítulo 18

"Alguns viram o que é e se perguntaram o porquê.
Eu vi o que poderia vir a ser e perguntei: por que não?"
— Pablo Picasso —

A criatividade nos atinge quando menos esperamos. Se você tivesse me dito, logo que comecei a minha prática, que eu iria me desviar totalmente da roda do ano neopagã que aprendi, eu a teria chamado de mentirosa. Quero dizer, essa é a *roda do ano*! Mas quando o universo faz um chamado, precisamos sempre parar e ouvir.

Quando eu era criança, minha família celebrava praticamente todo festival, feriado e dia santo que estivesse marcado no calendário. Minha mãe prestava uma atenção especial aos dias de santos, e seus feriados favoritos eram o Natal e o Halloween (nessa ordem). Ela decorava a casa com semanas de antecedência e cozinhava jantares temáticos. Sou traumatizada até hoje por uma ocasião no Halloween em que ela decidiu fazer uma "casa assombrada" no caminho de acesso à nossa garagem. Ela preparou espaguete e o colocou na geladeira para esfriar. Tinha também uma tigela de olhos, que talvez tivessem sido feitos com ovos cozidos (ou será que foram uvas sem pele?). Só sei que saí correndo, aos berros, da minha própria casa depois que minha mãe me fez enfiar a mão em uma tigela cheia de cérebros feitos de espaguete frio.

Alguns anos atrás, comecei a me autoanalisar, a refletir sobre minha espiritualidade, e por que eu fazia as coisas que fazia e acreditava nas coisas que acreditava. Um dos elementos sobre os quais mais refleti foi a roda do ano. Para mim, o negócio não se *encaixava*. Eu era obrigada a usá-la por ser pagã ou bruxa? A resposta foi um ressonante NÃO. Essa roda só tinha sido criada há pouco mais de sessenta anos, por isso, é possível modificá-la o quanto quiser e ainda assim ser uma "verdadeira bruxa".

Quando os wiccanos ingleses decidiram criar esse calendário, eles reuniram festivais originários dos povos irlandeses, escoceses, galeses e germânicos. Não só tiraram esses feriados do contexto original com seus deuses originais, como também não creditaram as culturas e as raízes de cada festival, deixando muitas falhas na prática. Levou muito tempo para que a comunidade pagã conseguisse desvendar a roda do ano e entender plenamente as razões de cada festival.

Há um grande segredo no paganismo moderno: você não precisa celebrar os festivais ao mesmo tempo que as outras pessoas. Eu, pessoalmente, não celebro a maior parte dos festivais de colheita quando o restante do mundo está celebrando-os, porque isso não faria sentido no clima no qual eu vivo. Primeiro de agosto é quando se dá o festival da colheita do trigo chamado de Lammas ou Lughnasadh. No sul da Flórida esse período é quente para caramba. Nessa época, não estamos fazendo a colheita do trigo aqui, e muito menos assando pão. Então esse feriado está basicamente excluído da minha roda do ano. Às vezes, se estou viajando em algum lugar do norte, acabo celebrando-o, mas porque acho divertido, não porque realmente faça parte da minha prática.

A roda que você criar precisa ser tão flexível quanto você! Algumas religiões e feriados espirituais são meio inflexíveis — e alguns eventos celestiais também (o solstício sempre deve ser comemorado no solstício, por exemplo). Entretanto, você tem a liberdade de decidir quando e como celebrará essas tradições dentro da sua prática. A roda gira eternamente e é maleável como você. Só porque você decidiu algo sobre ela hoje, isso não quer dizer que você não poderá mudar a data depois, se necessário.

Quando começamos a construir a nossa roda do ano e passamos a utilizá-la, é muito importante manter um registro escrito. Que festivais e celebrações você decidiu fazer? Você os faria de novo? Que partes foram superdivertidas e o que aconteceu para que fosse assim? Qual a agenda dos eventos? Que rituais você realizou? Você celebrou com alguém? Todas as anteriores?

Com o passar dos anos, recebemos cada vez mais novas informações e mudamos a nossa forma de lidar com as coisas. Caso você descubra novos deuses ou deusas ao longo do caminho, ou aprenda coisas novas sobre seus ancestrais que antes não sabia, você será capaz de incorporar esses elementos na sua roda do ano sem nenhum problema. Ao se mudar para um novo lugar, você pode tanto alterar quanto criar uma nova roda do ano que se encaixe no clima e na sua rotina. Isso lhe trará uma liberdade não só na prática espiritual como na sua vida pessoal.

Há uma tonelada de festivais pagãos além dos oito que foram escolhidos para fazerem parte da roda do ano. A exaustiva obra *Religious Holidays and Calendars* lista 31 feriados pagãos, isso sem mencionar os festivais que existem em todas as outras religiões. Ao criar a sua roda, você se tornará capitão do navio. Portanto, se quiser incorporar feriados religiosos da sua cultura, não há nada que a impeça de fazer isso. Parte da razão pela qual minha roda do ano tem doze pontas em vez de oito é porque eu escolhi adicionar alguns dias santos a ela.

A melhor forma de criar sua própria roda do ano é sendo habilidosa. É como criar um painel de inspirações (ou um mural do Pinterest). Você fará algo igual para a sua roda do ano. Você precisará de fotos, papel, tesoura e cola. Prefiro sempre fazer isso à mão do que digitalmente, pois me parece mais real na hora de realmente confeccionar a roda.

Começando por janeiro, escreva todos os seus pensamentos relacionados àquele mês. Em seguida, vá fazendo o mesmo com o restante dos meses.

Eis aqui um exemplo de como minha lista se parece, uma vez que vivo no quente e úmido sul da Flórida:

- **Janeiro:** clima ameno, praias, festival de art déco, início da temporada de laranjas-valência
- **Fevereiro:** peixe-português, tempo frio, comida e vinho, apanhar morangos
- **Março:** música irlandesa, nublado, chuvoso, Carnaval de Miami, início da temporada de melões
- **Abril:** sol forte, quente e seco, meu aniversário, pagar impostos, início da temporada de mirtilo
- **Maio:** quente, estressada, sol brilhante, mas não de um jeito desconfortável, início da temporada de mangas
- **Junho:** chuvoso, quente, úmido, início da temporada de abacates
- **Julho:** quente, úmido, chuvoso, melancia, luz do sol agradável, as plantas cozinham no sol da tarde, fogos de artifício, início da temporada de maracujá
- **Agosto:** quente, úmido, não dá para sair de casa, início da temporada de uvas, uva no supermercado
- **Setembro:** pré-halloween, ótimo sol da tarde, quente, início da temporada de abóboras, os tomates estão crescendo
- **Outubro:** temporada de Halloween, a melhor luz solar, livros, início da temporada de laranjas doces
- **Novembro:** a luz do dia dura menos tempo, a melhor luz solar, o sol se põe mais cedo, fim da temporada de pitaia
- **Dezembro:** frio, seco, luz de tonalidade azul, início da temporada de pomelo

Assim que terminar sua lista, acrescente os elementos espirituais para cada um dos meses. A seguir, há um exemplo de como vejo o ano, baseado no lugar onde eu vivo e na minha experiência de vida. Também gosto de designar um elemento com o qual me identifico para cada mês, a fim de tornar a criação de feitiços e rituais mais fácil. Esses elementos mudam de acordo com o tempo e com o local no qual me encontro. Acredito que suas escolhas, inclusive, serão diferentes das minhas. Não só eu quero que seja assim, como a encorajo a fazer suas próprias conexões e realmente tomar as rédeas da criação dessa roda personalizada — para você e para sua magia.

Gosto de prestar atenção na iluminação solar durante o ano. Onde vivo não é nublado, não é frio, não neva e não há morte da terra. Na Flórida, não existe nenhuma estação dormente e, por incrível que pareça, nosso inverno é uma das nossas estações mais produtivas. Esse também é o momento de pensar em todos os feriados e festivais e decidir quais deles se alinham à forma como você vê o seu ano.

Crie uma nova lista para as suas anotações espirituais e reflexões sobre os meses do ano. Como exemplo, eis a minha:

Janeiro	calmo, quieto, tranquilo.	Ar.
Fevereiro	caótico, enérgico, frenético, cheio de amor.	Água.
Março	caseiro, melancólico.	Água.
Abril	quente, cheio de luxúria, nascimento.	Fogo.
Maio	estagnado, no limite.	Terra.
Junho	caindo, movimento sem direção.	Água.
Julho	procrastinação, mudanças, trabalho em meio aos problemas.	Fogo.
Agosto	motivação, um novo começo.	Fogo.
Setembro	motivação e mudança, pesado, caindo.	Ar.
Outubro	o fim, morte, destruição, silêncio.	Fogo.
Novembro	pacífico, apressado, meditativo.	Terra.
Dezembro	calmo, esperançoso, ruminante.	Terra.

Por fim, tome nota de quaisquer tradições culturais ou festivais preestabelecidos que você gostaria de incorporar. Eles podem ser mundanos, religiosos, espirituais ou até familiares. Lembre-se que datas que envolvem luto ou memoriais de larga escala geralmente são acompanhadas de um afinamento do véu entre mundos, e não tenho dúvidas de que, com o tempo, os estadunidenses têm tido cada vez mais consciência desse aspecto. Além disso, eventos familiares podem ser acrescentados ao seu ano da bruxa, como aniversários, aniversários de casamento, datas de falecimento, entre outras datas relevantes. Esses dias todos têm um significado particular e, quando são incorporados à roda do ano, permitem que você também entre em contato com suas necessidades emocionais, assim como das suas necessidades espirituais.

    Mesclar essas ideias e esses conceitos em uma só roda fluida é a parte mais empolgante dessa prática. Ajuda a aplacar um pouco da pressão de fazer as coisas do "jeito certo" quando nos tornamos iniciantes na Arte. Ao criar um sistema que funcione para você, é como permitir que a energia do seu espírito e a dos espíritos dos seus ancestrais flua livremente. Lembra-se daquelas fotos sobre as quais falei anteriormente? Este é o momento de usá-las no seu painel. Para cada mês, dê uma olhada em tudo que registrou por escrito. Que características você associa a cada um deles? Como elas são visualmente? Faça uma montagem para cada um dos meses. Use palavras, fotografias e a sua intuição para criar o seu próprio pedaço de ano.

    Ao dar uma olhada na minha roda do ano (a seguir), você pode ver que alguns feriados pagãos não estão presentes: especificamente o Lughnasadh e o Imbolc. Para mim, eles não se alinham com a natureza que vivencio diariamente. Além disso, eu celebro três festas de colheitas específicas do meu clima: a colheita da manga, a colheita do abacate e a colheita da laranja. Eu optei por mesclar feriados religiosos e seculares e também comemoro a mudança da temporada de furacões da temporada "normal" como método primário de organização. Minha roda também não funciona como um "círculo", mas por sistema de prioridades. Esta é a roda que funciona para mim no ambiente em que estou físico, mental e espiritualmente. A sua roda do ano, sem dúvida nenhuma, será diferente. Divirta-se preenchendo e decidindo quando e como você quer celebrar cada uma das suas datas. Lembre-se: não há jeito errado de ser você mesma!

Roda do ano de Temperance Alden

Temporada de furacões (1º de junho — 30 de novembro)
Colheita do abacate (maio — junho)
Colheita da manga (maio — agosto)
Litha (solstício de verão)
Mabon (equinócio de outono)
Dias de Luto (setembro)
Yom Kipur (setembro — outubro)
Samhain (outubro — novembro)
Colheita da laranja (novembro — abril)
Fim da temporada de furacões (1º de dezembro — 30 de maio)
Yule (solstício de inverno)
Dia dos Namorados/Dia de São Valentim (14 de fevereiro)
Ostara (equinócio de primavera)
Meu aniversário (abril)
Temporada de tubarões (abril)
Beltane (1º de maio)

Após dar uma olhada na minha roda do ano, tire um tempo para avaliar os feriados com os quais você planeja trabalhar. Onde eles se encaixam? Eles são independentes ou estão ligados a alguma estação maior, como os meus, que estão ligados à temporada de furacões? Só para explicar, a temporada de furacões é uma época do ano em que há muitas chuvas, então gosto de reverenciar a chegada das tempestades.

Por fim, faço uma última pergunta: se sua roda pudesse ser de qualquer jeito, o que você gostaria que estivesse nela?

Novas tradições sazonais

A última parte na elaboração da sua roda do ano diz respeito à criação de tradições sazonais que você celebrará, investindo o seu tempo e passando-as adiante. Logo que me casei, passei o Yule todo na casa dos meus sogros. Todas as noites, minha sogra se sentava na frente da televisão e trabalhava em um belíssimo bordado de Natal. Depois, descobri que ela havia feito um para cada ano no qual esteve casada. Os bordados eram todos temáticos e retratavam um evento importante dentro da vida do casal ou dentro do casamento.

Quando perguntei por que ela fazia aquilo, minha sogra me contou que, quando se casou, recebeu um livro de tradições sobre como começar uma nova família. Ela manteve três delas: os ornamentos bordados, o Pão de Dia de Ação de Graças e o Pão Natalino. Como resultado dessa nova tradição, todos os filhos dela acabaram incorporando-as também. Suas filhas, por exemplo, são todas casadas e fazem esses bordados familiares. Além disso, os netos dela também aprenderam as receitas dos pães. Observar a forma como essas tradições começaram em uma geração e foram passadas duas gerações adiante me mostrou um nível de amor e estabilidade que eu nunca tinha conhecido. Passar tradições de uma geração para outra é como o amor dos nossos ancestrais sobrevive ao tempo.

Ao começar uma nova tradição familiar, ela pode ser algo tão simples como decidir que "Assaremos o nosso próprio pão durante o Lammas" ou tão complexo como levar 25 dias para bordar um ornamento feito para decorar a árvore de Yule. O meu maior catalisador para a criação de tradições e práticas envolvendo a roda do ano foi a minha gravidez. Naquela época, eu estava vivendo fora das configurações do que se considera uma família há mais de dez anos, uma vez que tinha me tornado órfã quando criança. Comecei a pensar nas tradições e sua importância para mim e para a minha família em crescimento. Que coisas eu tinha feito quando criança que eu poderia reaproveitar e renovar?

Para mim, a roda do ano se inicia no Samhain, então foi onde comecei a procurar. Rumei para a temporada da colheita de laranjas depois, algo que adorei incorporar às minhas devoções anuais. Enquanto o norte do país tem o costume de apanhar maçãs, a Flórida tem suas laranjas doces.

Levar para casa sacolas de laranjas frescas tem os seus benefícios — bolas perfumadas para altar! Essas bolas são feitas com laranjas cobertas de cravos-da-índia e utilizadas para decoração. Elas são frequentemente associadas à temporada de Yuletide e, ao colhê-las em novembro, posso fazê-las com a minha filha para que o nosso altar sazonal dure durante toda a estação.

Quando eu era criança, a temporada do Yule era uma época em que a lareira se tornava a prioridade da minha casa. Se não tinham biscoitos assando no forno, havia uma torta ou um bolo. As noites eram passadas em família, assistindo filmes antigos de Natal ou lendo livros juntos. O valor do Yule era a presença — não os presentes.

Continuando no calendário do novo ano, celebramos o dia de São Valentim cozinhando refeições um para o outro.

Durante Ostara, levo minha família e os meus amigos para a floricultura onde escolho brotos de plantas que gostaria de ver crescer durante o solstício de verão, além de escolher algumas sementes para o outono também. Plantar mudinhas no jardim é algo que proporciona muita felicidade às crianças menores, é a possibilidade de criarem e cultivarem o seu pequeno pedacinho de terra.

Em abril, celebramos aniversários e damos boas-vindas aos tubarões. Eles são elemento crucial no ciclo da vida marinha da Flórida, e eu rezo para que estejam sempre a salvo de caçadores ilegais. Assim que o ciclo recomeça, gosto de ir até a praia e limpá-la dos lixos que encontro e que poderiam ir parar no oceano. Eu sou devota a um deus do mar, então dedico parte do meu tempo em atos de serviço que possam ajudar a manter a saúde de nossas águas.

Cada parte da roda do ano tem algo pequeno, mas significativo, que faço para reafirmar minha devoção ao caminho da bruxaria. Pessoalmente, acho que viver 24 horas por dia fazendo rituais não é algo sustentável ou sequer uma prática autêntica. Acredito que sou muito mais espiritualmente produtiva quando tenho tempo para estar na natureza, criando e obtendo cura.

Para finalizar, uma sugestão: visualize-se durante uma colheita ou um festival sempre que você quiser começar uma nova tradição. O que você está fazendo? Quem está com você?

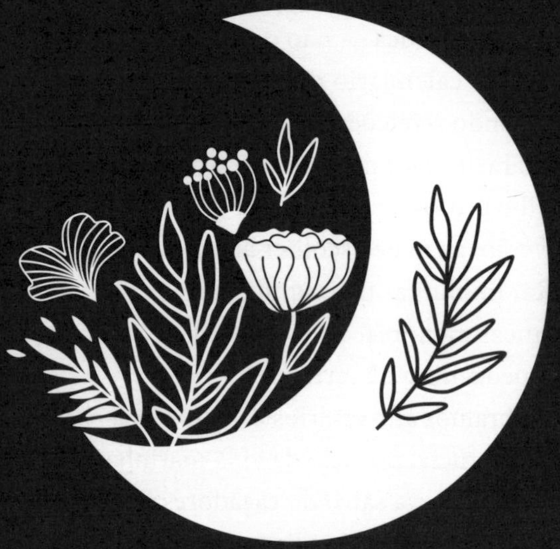

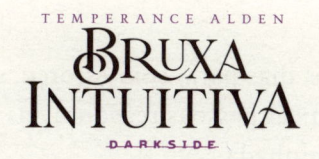

Ciclos reiniciam

Considerações finais

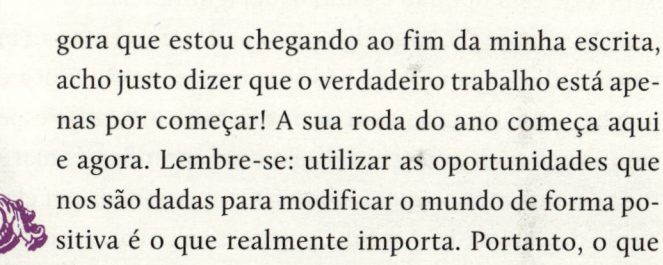

Agora que estou chegando ao fim da minha escrita, acho justo dizer que o verdadeiro trabalho está apenas por começar! A sua roda do ano começa aqui e agora. Lembre-se: utilizar as oportunidades que nos são dadas para modificar o mundo de forma positiva é o que realmente importa. Portanto, o que aconteceria com a sua prática se você precisasse se mudar amanhã? Será que você seria capaz de continuar no seu caminho em um novo ambiente, em uma terra diferente, com outros espíritos, elementos distintos e um clima diverso? Ou você se sentiria como um peixe fora d'água, tentando se conectar por meio de métodos que não são mais efetivos justamente por causa do lugar no qual você está?

Usar uma roda do ano com a qual você sinta uma profunda conexão é algo fundamental, pois encoraja o ato de se tornar una com a terra na qual se está vivendo, de tocá-la e experimentá-la em todos os aspectos que ela pode oferecer, enquanto você se atém à única constante que existe verdadeiramente: o tempo. Não importa se você decidiu criar um altar refinado e estético ou se prefere acessar sua espiritualidade diariamente ao ar livre — o que importa é que você dedique um pouco de seu tempo todos os dias para, com esforço, se aprofundar na sua Arte. Nós somos as únicas pessoas responsáveis pelo quão longe chegaremos na nossa caminhada.

Confesso que terminar este livro está sendo uma experiência surreal, pois lutei com cada uma das palavras escritas aqui. No entanto, acredito ser imensamente importante surgir com uma nova perspectiva, apresentando novas vozes em cada um dos tópicos referentes à bruxaria, ao paganismo e às múltiplas vertentes esotéricas. Recentemente, fui abordada por uma mulher que achou necessário me dizer que novos livros sobre bruxaria não valiam a pena e, por isso, não deveriam ser comprados. Ela achava que, uma vez que você já tenha lido sobre o assunto antes, você não precisa revisitá-lo. Por que aprender mais sobre magia das velas, água de cristais ou a roda do ano? Quantos livros precisam ser escritos, se todos estão dizendo a "mesma coisa"? Claro que discordo. Acho que essa opinião é pautada na ignorância.

Nós sempre teremos algo novo para acrescentar ao mundo da espiritualidade. Cada uma de nós tem uma conexão única e divina com o universo que torna a nossa narrativa extremamente especial. A minha, como você pôde ver, tem relação com aprender a amar e a navegar na roda do ano, mesmo quando me senti aprisionada por ela ou tive a inclinação de detestá-la. A minha perspectiva envolve misturar ciência com um pouco de história geral. Esta é a minha narrativa única.

Assim, calmamente, concluo este livro. A roda do ano continua girando, o sol continua crescendo no céu, pesado de possibilidades. Em breve, ele retrocederá e irá desaparecer. Então, justamente quando acharmos que tudo está perdido, o ciclo começará de novo e encontraremos nosso lugar na natureza. Nós, como bruxas, nos reuniremos à natureza, não como mestres dela, mas como suas defensoras.

E você, onde estará?

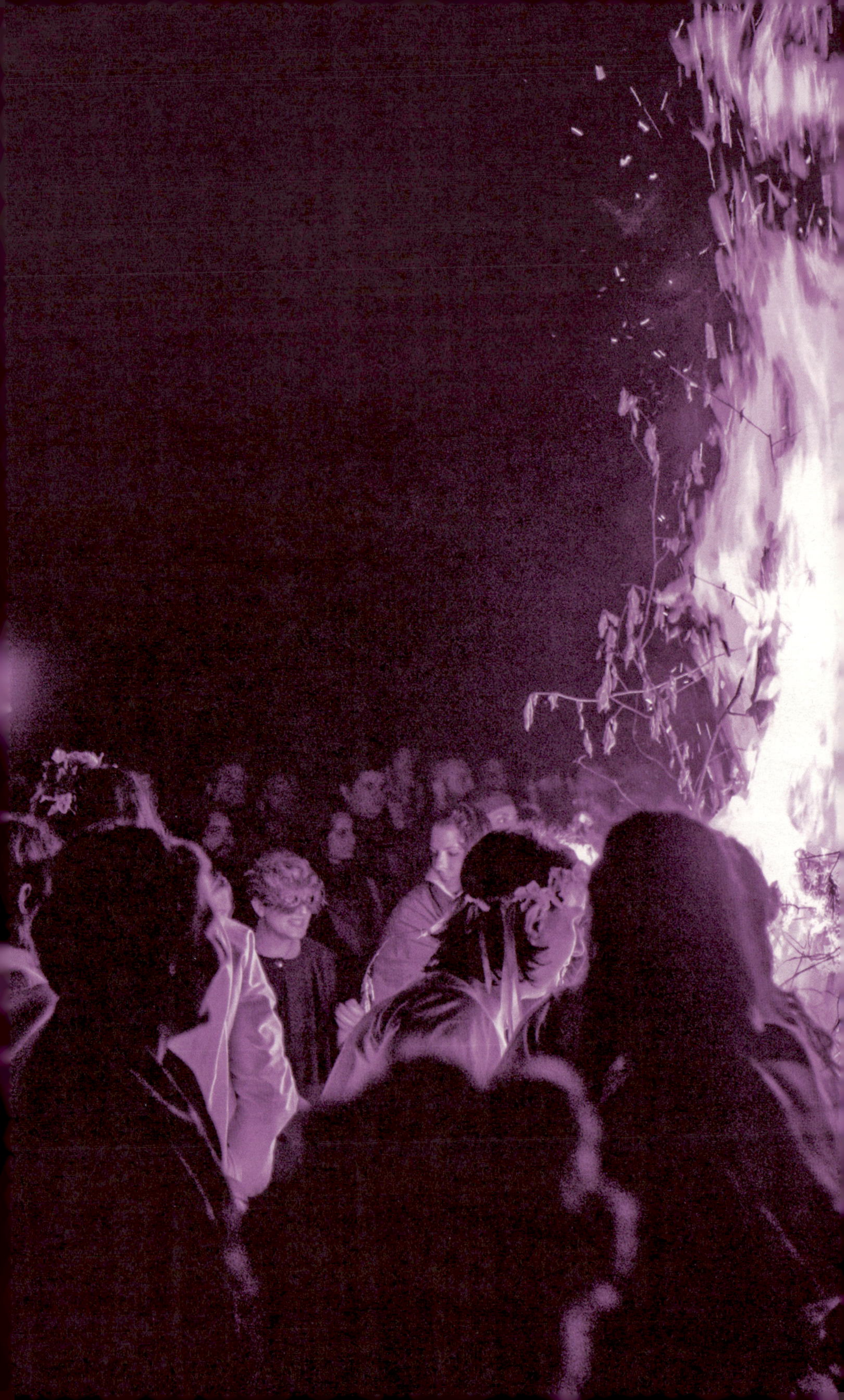

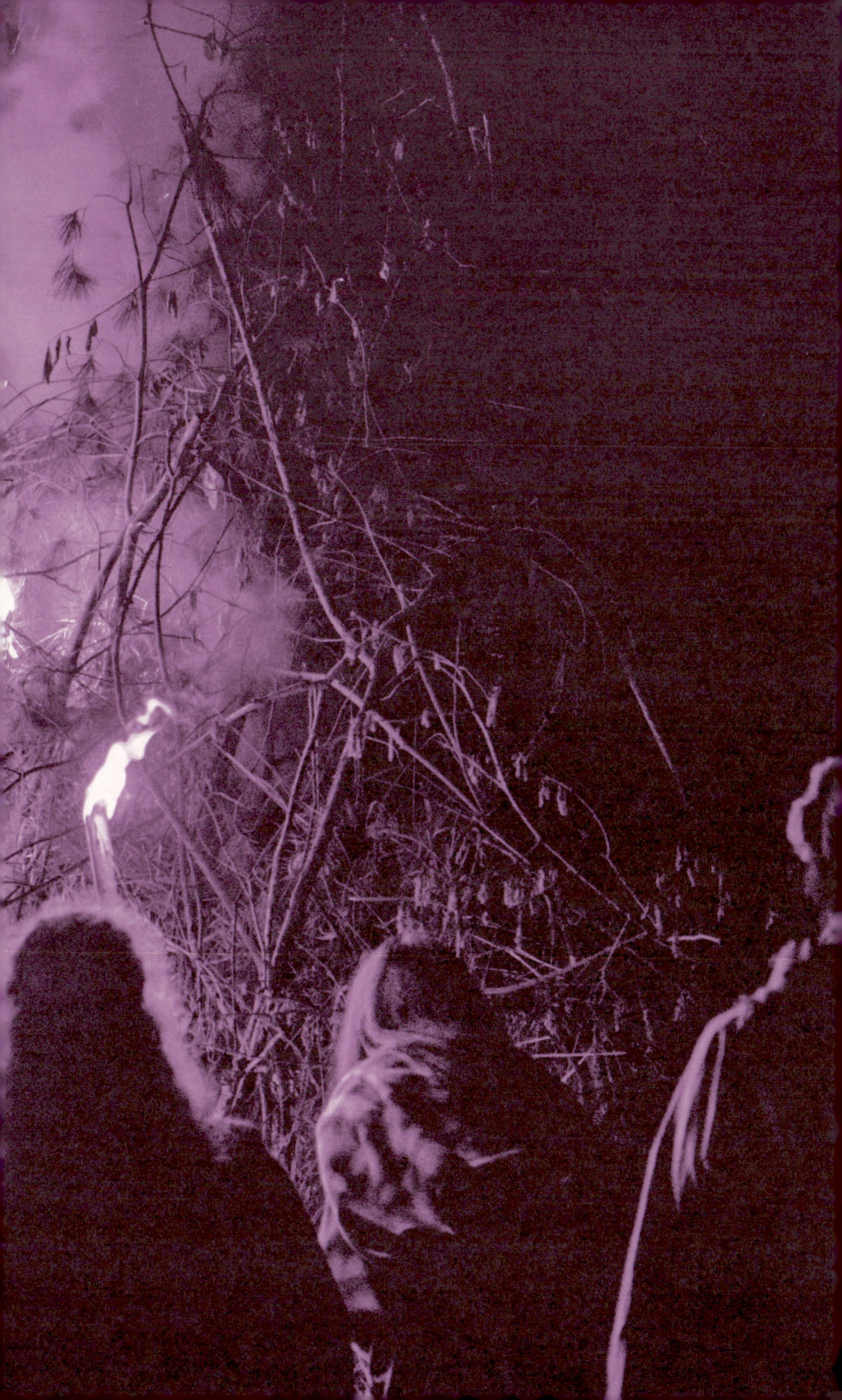

TEMPERANCE ALDEN
Bruxa Intuitiva
DARKSIDE

Lista dos feriados mágicos

Apêndice A

Esta lista não inclui todos os feriados e festivais de culturas que celebram a magia de suas maneiras particulares, mas engloba os mais comuns e os mais celebrados ao redor do mundo. Aqui, incorporei feriados celtas, germânicos, romanos, afro-caribenhos, shinto e de culturas folk. Como há um grande número de bruxas folk e pagãs que comemoram algumas festas de santos católicos, inseri alguns deles também.

JANEIRO
1º de janeiro
  Ano-Novo
5 de janeiro
  Yule (fim)
20 de janeiro
  Dia de Oxóssi

FEVEREIRO
1º de fevereiro
  Imbolc
2 de fevereiro
  Dia de Iemanjá
3 de fevereiro
  Setsubun
14 de fevereiro
  Lupercália
  Dia de São Valentim

MARÇO
3 de março
  Hinamatsuri (Dia das Meninas)
  Equinócio de primavera
  Ostara
  Shubun-sai
22 de março
  Dia do Orixá Oko

ABRIL
22 de abril
  Dia da Terra
23 de abril
  Dia de Ogum
30 de abril
  Noite de Santa Valburga ou Walpurgisnacht

MAIO
1º de maio
  Beltane
  Primeiro de Maio
5 de maio
  Koinobori (Dia dos Meninos)

JUNHO
6 de junho
  Solstício de verão
  Litha
24 de junho
  Dia de São João Batista
30 de junho
  Nagoshi-no-Oharai

JULHO
13-15 de julho
  Festival de Oban

AGOSTO
4 de agosto
  Lammas
  Lughnasadh
  (Festival da Primeira Colheita)

SETEMBRO
8 de setembro
  Equinócio de outono
  Mabon
  Festival da Segunda Colheita
24 de setembro
  Dia da Nossa Senhora das Mercês
  Dia de Obatalá
27 de setembro
  Dia de Ibeji
29 de setembro
  Dia de Erinlé

OUTUBRO
4 de outubro
  Festa de São Francisco de Assis
  Festa de Orula
31 de outubro
  Véspera de Samhain

NOVEMBRO
1º de novembro
  Samhain
  Dia de Todos os Santos
5 de novembro
  Noite de Guy Fawkes
11 de novembro
  Dia de São Martinho (Antigo Halloween)

DEZEMBRO
4 de dezembro
  Dia de Santa Bárbara
  Dia de Iansã
8 de dezembro
  Dia de Oxum
17-23 de dezembro
  Saturnália
  Solstício de inverno
  Yule (início)
31 de dezembro
  Hogmanay
  Omisoka

Pó de cascarilla

Apêndice B

O pó de cascarilla é um ingrediente essencial — e facílimo de preparar — para magia de proteção. A cascarilla é feita de casca de ovos moída e utilizada principalmente para proteção e limpeza espiritual. Ela tem origem no hoodoo e na santeria, mas se tornou muito popular em todo o continente americano por ser bastante acessível. O pó de cascarilla também ajuda na criação de barreiras espirituais (assim como o sal), aumenta bênçãos, auxilia na proteção e é um suplemento extremamente nutritivo para as plantas do jardim!

Você pode utilizar tanto cascas de ovos brancos quanto cascas de ovos marrons para fazer o seu pó, então utilize aquela que tiver em casa. Se possível, mantenha um saquinho debaixo da pia da sua cozinha para sempre recolher as cascas em vez de descartá-las.

A Água Florida (Apêndice c) também é conhecida por ter propriedades protetoras e complementa o pó de cascarilla muito bem.

Dica:
Sempre que quebrar um ovo, remova a membrana que fica na casca utilizando água corrente da torneira. A remoção da membrana ajuda a produzir um pó de maior qualidade.

Ingredientes:
2 dúzias de cascas secas de ovos
Processador de alimentos ou almofariz e pilão
½ colher de chá de Água Florida
1 pequeno pote de vidro/recipiente selável.

Asse as cascas de ovos a 180° por aproximadamente trinta minutos para que sequem bastante. Este passo acaba com o excesso de umidade, o que produzirá um pó melhor. É um passo especialmente importante se você pretende moer as cascas de ovos utilizando o pilão. Caso utilize ovos brancos, você perceberá uma sutil mudança de cor. Não se preocupe, o seu pó ainda assim será branco.

Assim que tiver terminado de assar as cascas, moa-as até que virem um pó fino, utilizando o processador de alimentos ou o almofariz e pilão. Você economizará esforços e obterá um pó mais fino se optar pelo processador. Adicione meia colher de chá de Água Florida e misture até que o pó assuma uma consistência parecida com a de areia. Guarde o pó de cascarilla em um pote de vidro ou transforme-o em giz.

Para fazer giz de cascarilla, adicione 1 colher de sopa de farinha a 1 colher de sopa de pó de cascarilla, mexendo vigorosamente. Acrescente 1 colher de sopa de água morna e misture até que os ingredientes estejam uniformes e você possa moldá-los com as mãos. Enrole-os e molde bastões de cerca de 2,5 centímetros de diâmetro, deixando-os secar por três a cinco dias. Outra opção é enrolá-los em bolas e colocá-las sobre copos de papel (o método mais fácil). Guarde o giz em um recipiente de vidro, plástico ou metal, para impedir que se quebrem. Mantenha-os em um ambiente fresco e protegido da luz do sol.

Dica: Você pode potencializar as propriedades mágicas do seu pó de cascarilla ao adicionar ervas moídas à mistura. Você pode acrescentar uma pitada de sal ou alecrim para purificação, um pouco de canela para proteção, ou alguns cravos-da-índia para prosperidade. Contudo, tenha cautela — se você acrescentar coisas demais à mistura, ela não dará liga, e você não conseguirá moldar o giz.

TEMPERANCE ALDEN
BRUXA
INTUITIVA
DARKSIDE

Água Florida

Apêndice C

A Água Florida é uma colônia utilizada principalmente para purificar ambientes e fazer limpeza energética. Diz-se que ela recebe esse nome de dois lugares: um, da Fonte da Juventude (que alguns acreditam estar na Flórida), e dois, por remeter à palavra "flor", por isso, "florida". Ela também é extremamente fácil de se fazer em casa.

Ingredientes:
500 ml de vodca de boa qualidade ou álcool líquido
1 ramo de alecrim fresco
6 folhas de louro (opcional)
½ colher de chá de óleo essencial de cravo-da-índia
½ colher de chá de óleo essencial de lavanda
½ colher de chá de óleo essencial de laranja
¼ colher de chá de óleo essencial de verbena
1 recipiente de vidro ou uma garrafa plástica com spray

Despeje o álcool no recipiente, deixando aproximadamente 60 ml livres no vidro para dar espaço aos demais ingredientes. Coloque o alecrim e as folhas de louro dentro da garrafa e balance-a para misturá-los. Acrescente os óleos essenciais e agite o frasco vigorosamente. Guarde-o em um lugar fresco e escuro (uma estante de livros ou debaixo da pia da cozinha), lembrando-se sempre de agitar o recipiente antes de cada uso. Você pode transferir o conteúdo dele para garrafinhas menores e usá-lo para limpar as soleiras das portas, seus altares, o carro, pessoas etc.

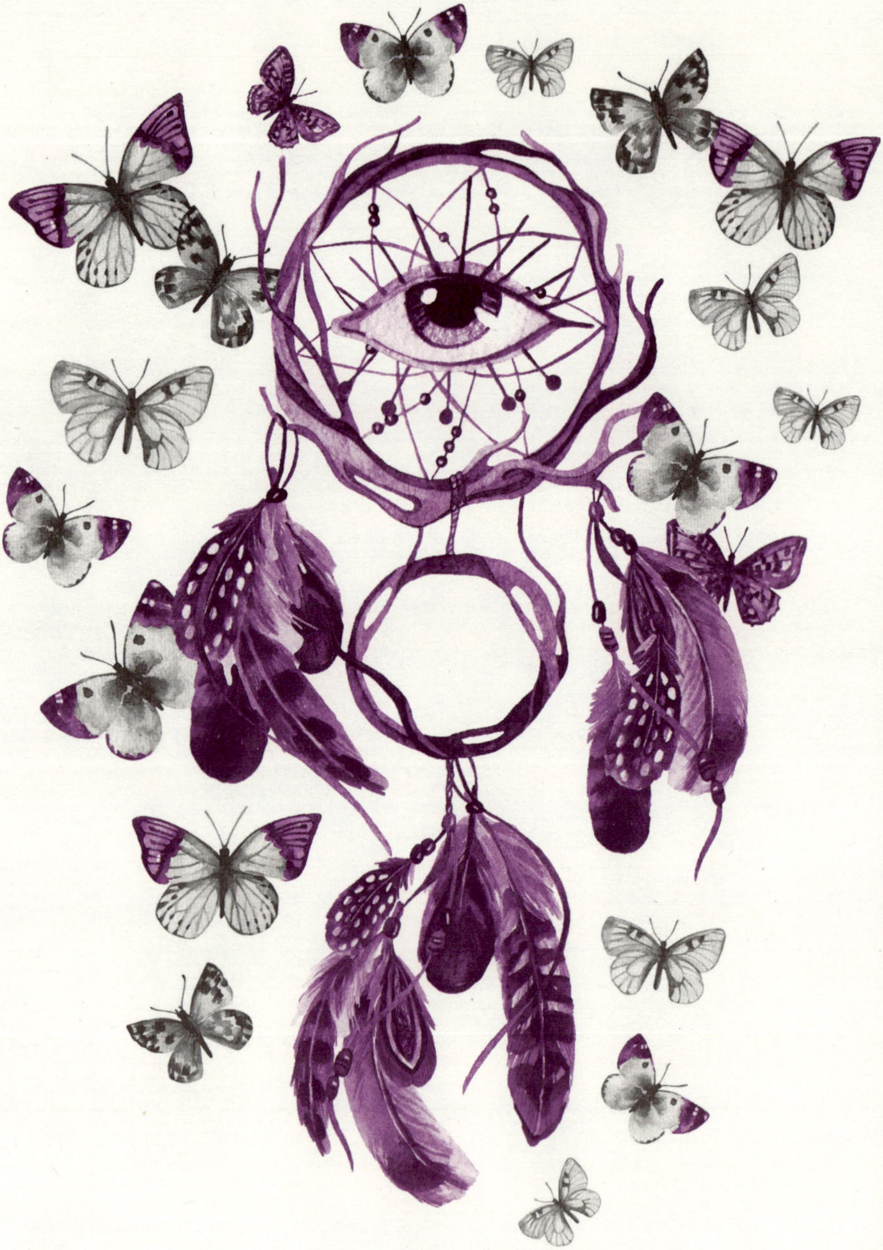

Bibliografia

ADLER, MARGOT. *Drawing Down the Moon*. NovaYork: Penguin, 1979.

ALLEN, GINGER M.; MAIN, MARTIN B. Florida's Geological History. Department of Wildlife Ecology and Conservation, Florida Cooperative Extension Service, Institute of Food and Agricultural Sciences, University of Florida, 2005, www.orange.wateratlas.usf.edu.

ANDREWS, TED. *Simplified Magic: A Beginner's Guide to the New Age Qabala*. St. Paul, MN: Llewellyn, 1989.

AURYN, MAT. *Bruxa Psíquica*. Nova Sendas, 2021.

BAKER, JERRY. *Jerry Baker's Old-Time Gardening Wisdom: Lessons Learned from Grandma Putt's Kitchen Cupboard, Medicine Cabinet, and Garden Shed!*. New Hudson, MI: American Master Products, 2002.

BARTHOLOMEW, MEL. *Square Foot Gardening: A New Way to Garden in Less Space with Less Work*. Nova York: Rodale, 2005.

BELLENIR, KAREN (ed). *Religious Holidays and Calendars: An Encyclopedic Handbook*. Detroit, MI: Omnigraphics, 2009.

BLACKTHORN, AMY. *Sacred Smoke: Clear Away Negative Energies and Purify Body, Mind, and Spirit*. Newburyport, MA: Weiser Books, 2019.

BOLAND, BRIDGET E MAUREEN. *The Complete Old Wives' Lore for Gardeners*. Londres: The Bodley Head, 1989.

BORRERO, FRANCISCO J., ET AL. *Glencoe Earth Science: Geology, the Environment and the Universe*. Columbus, OH: McGraw-Hill, 2017.

BURTON, NYLAH. "Is Burning Sage Cultural Appropriation? Here's How to Smoke Cleanse in Sensitive Ways". In: *Bustle*, 19 jul. 2019, www.bustle.com.

CAMPANELLI, PAULINE E DAN. *Wheel of the Year: Living the Magical Life*. Woodbury, MN: Llewellyn, 2003.

CAMPISANO, CHRISTOPHER. "Milankovitch Cycles, Paleoclimatic Change, and Hominin Evolution". In: *Nature Education Knowledge* 4, n. 3: 5.

CAVENDISH, RICHARD. *The Black Arts: A Concise History of Witchcraft, Demonology, Astrology, Alchemy, and Other Mystical Practices Throughout the Ages*. Nova York: Perigee, 2017.

CICERO, CHIC E SANDRA TABATHA. *The Essential Golden Dawn: An Introduction to High Magic*. Woodbury, MN: Llewellyn, 2011.

DEERMAN, DIXIE; RASMUSSEN, STEVE. *The Goodly Spellbook: Olde Spells for Modern Problems*. Nova York: Sterling, 2005.

Ede-Weaving, Maria. "A Call to the Goddess and God of Imbolc". In: The Order of Bards, Ovates and Druids, www.druidry.org.

FARRAR, JANET E STEWART. *The Witches Way: Principles, Rituals and Beliefs of Modern Witchcraft*. Blaine, WA: Phoenix Publishing, 1988.

GARDNER, GERALD BROSSEAU. Witchcraft Today. Nova York: Citadel Press, 1954.

GARY, GEMMA. *The Black Toad: West Country Witchcraft and Magic*. Woodbury, MN: Llewellyn, 2020.

GARY, GEMMA. *Traditional Witchcraft: A Cornish Book of Ways*. Woodbury, MN: Llewellyn, 2020.

GREEN, MARIAN. *Wild Witch: A Guide to Earth Magic*. Newburyport, MA: Weiser Books, 2019.

HERON, DR. TIMOTHY (ravenrunes). "Lightwork is Not the Same as Witchcraft". In Instagram TV, www.instagram.com, 2 dez. 2019.

HERSTIK, GABRIELA. *Inner Witch: A Modern Guide to the Ancient Craft*. Nova York: Perigee, 2018.

HODGKINSON, G.P.; LANGAN-FOX, J.; SADLER-SMITH, E... "Intuition: A Fundamental Bridging Construct in the Behavioural Sciences". In: *British Journal of Psychology* 99 (2008): 1—27.

HOUGHTON, JOHN. *Global Warming: The Complete Briefing*. Cambridge, Reino Unido: Cambridge University Press, 2009.

HOWARD, MICHAEL. *The Sacred Ring: The Pagan Origins of British Folk Festivals and Customs*. Freshfields, Chieveley, Berks: Capall Bann, 1995.

HUTTON, RONALD. *The Stations of the Sun: A History of the Ritual Year in Britain*. Nova York: Oxford University Press, 1996.

KALLESTRUP, LOUISE NYHOLM. *Agents of Witchcraft in Early Modern Italy and Denmark*. Nova York: Palgrave Macmillan, 2015.

KOREN, MARINA. "The Pandemic Is Turning the Natural World Upside Down". In: *The Atlantic*, 2 abr. 2020, www.theatlantic.com.

LAZIC, TIFFANY. *The Great Work: Self-Knowledge and Healing Through the Wheel of the Year*. Woodbury, MN: Llewellyn, 2015.

LEWIS, RABBI MENDY. "Tzav: Our Internal and External Fires". In: Jewish Standard, 6 abr. 2017, jewishstandard.timesofisrael.com

The Malleus Maleficarum of Heinrich Kramer and James Sprenger. Trans. Reverendo Montague Summers. Nova York: Dover, 1971.

MCILVENNA, UNA. "How Bread Shortages Helped Ignite the French Revolution". In: History.com, A&E Television Networks, 30 set. 2019, www.history.com.

MEREDITH, JANE. *Circle of Eight: Creating Magic for Your Place on Earth*. Woodbury, MN: Llewellyn, 2015.

NOCK, JUDY ANN. *The Modern Witchcraft Guide to the Wheel of the Year: From Samhain to Yule, Your Guide to the Wiccan Holidays*. Avon, MA: Adams Media, 2017.

O'GAEA, ASHLEEN. *Celebrating the Seasons of Life: Beltane to Mabon: Lore, Rituals, Activities, and Symbols*. Franklin Lakes, NJ: New Page Books, 2005.

O'GAEA, ASHLEEN. *Celebrating the Seasons of Life: Samhain to Ostara: Lore, Rituals, Activities, and Symbols*. Franklin Lakes, NJ: New Page Books, 2004.

ORCHARD, BRIAN. "Tied to the Land". In: *Vision*, Fall 2011, www.vision.org.

RAJCHEL, DIANA. *Mabon: Rituals, Recipes and Lore for the Autumn Equinox*. Woodbury, MN: Llewellyn, 2015.

RICHARDS, JAKE. *Backwoods Witchcraft: Conjure and Folk Magic from Appalachia*. Newburyport, MA: Weiser Books, 2019.

RIEBEEK, HOLLI. "The Carbon Cycle". In: NASA, 16 jun. 2011, earthobservatory.nasa.gov.

SERITH, CEISIWR. *A Book of Pagan Prayer*. Newburyport, MA: Weiser Books, 2018.

STARHAWK. *The Spiral Dance: A Rebirth of the Ancient Religion of the Great Goddess*. Nova York: HarperSanFrancisco, 1999.

STREEP, PEG. *Spiritual Gardening: Creating Sacred Space Outdoors*. Makawao, HI: Inner Ocean, 2003.

ZOTIGH, DENNIS. "Native Perspectives on the 40th Anniversary of the American Indian Religious Freedom Act". In: *Smithsonian Magazine*, 30 nov. 2018, www.smithsonianmag.com.

Agradecimentos

Este livro não teria sido possível sem a maravilhosa equipe da Weiser Books que me deu uma chance. O meu grande obrigada a Peter, Christine e Susie, que estiveram do meu lado me dando apoio durante essa jornada selvagem e cheia de reviravoltas.

Agradeço também Kevin Marley e Nesi Smith, cujo suporte emocional significou o mundo para mim e me manteve seguindo adiante.

Outro obrigada a Tim Heron, cujos conselhos e pensamentos sobre diversos tópicos do livro realmente me ajudaram a formar uma base para compor seções mais extensas da obra.

Também sou grata a Fiona, que não queria me deixar escrever este livro porque queria que eu assistisse *Os Caça-fantasmas* com ela. ("Pelo menos eles são interessantes", ela dizia.)

E, por fim, muito obrigada a Brandy, Stephanie, Micahaela e Jorge por serem os amigos mais extraordinários de todos quando eu pensei em desistir. Dizem que é preciso toda uma aldeia para criar uma criança, mas posso afirmar que *realmente* é preciso toda uma aldeia para escrever um livro!

TEMPERANCE ALDEN é escritora, professora, bruxa hereditária de base folclórica e reside no sul da Flórida. Temperance começou sua jornada espiritual em 2001, por meio de tradições familiares, e, desde então, tem mais de vinte anos de prática devotada ao crescimento e ao desenvolvimento de seu caminho dentro da bruxaria e do paganismo. Temperance é graduada em história pela Universidade Estadual de Salem e é fundadora da Wild Woman Witchcraft, uma comunidade online de bruxaria, onde ela fala sobre o assunto para uma nova geração de praticantes da magia. Saiba mais em wildwomanwitchcraft.com.

MAGICAE
DARKSIDE

MAGICAE é uma coleção inteiramente dedicada aos mistérios das bruxas. Livros que conectam todos os selos da **DarkSide® Books** e honram a magia e suas manifestações naturais. É hora de celebrar a bruxa que existe em nossa essência.

DARKSIDEBOOKS.COM